Police :
la loi de l'omerta

FABIEN BILHERAN – AGNÈS NAUDIN

POLICE : LA LOI DE L'OMERTA

le cherche midi

Ouvrages d'Agnès Naudin
aux éditions du cherche midi

Affaires de famille, essai (2018).
Affaires d'ados, essai (2019).

Aux éditions Robert Laffont

Enfance en danger, essai (2021).

Aux éditions Robinson

Enfances perdues. Premières enquêtes, avec Jean-Claude Bartoll, illustrations d'Éric Nosal, bande dessinée (2021).

Aux éditions Massot

Avis de recherche, avec Bernard Valezy, essai (2021).

Vous pouvez consulter notre catalogue général
et l'annonce de nos prochaines parutions sur notre site :
www.cherche-midi.com

92, avenue de France
75013 Paris

Conception graphique : Justine Dupré
Dépôt légal : novembre 2022
ISBN : 978-2-7491-7481-5

À Maggy, notre lumière sur ce chemin.

AVANT-PROPOS

« Soit tu fermes ta gueule, soit tu fermes ta gueule ! » Cette expression est bien connue des policiers. Et à elle seule, elle pourrait résumer l'enjeu de cet ouvrage.

Les fonctionnaires, s'ils parlent, craignent pour la grande majorité les conséquences sur leur situation professionnelle et personnelle. Très rares sont ceux qui arrivent à dépasser cette peur. Trop nombreux sont ceux qui souffrent en silence.

La colère n'est pas entendue, le ras-le-bol généralisé est préoccupant et le sentiment d'exclusion se diffuse.

Pourquoi autant de policiers veulent démissionner, sont en arrêt maladie durant de nombreux mois, se sentent seuls, se rebellent, deviennent de plus en plus violents dans leurs interventions envers la population mais aussi entre eux ?

Le mouvement des Policiers en colère en octobre 2016, en dehors de tout cadre syndical, a réveillé les consciences et entraîné des efforts budgétaires vitaux dans la police. Des chantiers de rénovation ont été initiés dans les différents services et de nouveaux commissariats ont vu le jour ces dernières années. Mais le mal-être policier est toujours là.

Le taux de suicide demeure élevé. 1100 policiers en 25 ans, soit la première cause de mortalité dans la Police nationale. Les policiers ne sont pas préparés en sortant de l'école à ce qu'ils vont affronter au quotidien de la part de leurs pairs. Et aujourd'hui, la majorité d'entre eux, de manière consciente ou non, affiche un découragement préoccupant, et se contente d'accepter la fatalité.

Heureusement, il y en a certains pour qui l'injustice est devenue intolérable. Certains qui prennent le risque de briser la loi du silence.

Ceux qui ont accepté de participer à cet ouvrage font partie de ceux-là. Agnès et Fabien ont recueilli les témoignages de Serge, Jean-Marc, Stéphane et Christophe, avant de nous livrer le leur. Tous ont accepté de raconter ce qui se passe dans les coulisses de leur institution. Pour eux témoigner n'est pas un choix, c'est une nécessité. Chacun s'est livré avec courage et sincérité avec pour unique intention : protéger ceux qui protègent la population en libérant la parole. C'est la première fois que des policiers le font à « visage découvert », prenant le risque de subir la foudre des institutions policières et judiciaires.

Ces policiers sont programmés pour « remettre les choses dans l'ordre », c'est-à-dire les rendre cohérentes, faire en sorte que les paroles soient suivies d'effets, que la loi soit respectée et que la règle soit la même pour tous. Qu'il en soit donc ainsi !

C'est la remise en question collective qui est visée dans cet ouvrage et non une dénonciation nominative particulière. Les noms des protagonistes ont été changés.

Avant-propos

Le système policier est à l'agonie. La série de témoignages reproduits ici illustre une partie de ce naufrage et, surtout, nous montre comment ces policiers ont malgré tout trouvé les ressources pour survivre dans et à leur propre institution.

Serge Supersac

« Un peuple qui oublie son passé
n'a pas d'avenir. »

Winston Churchill

Doté d'un physique d'armoire en vieux chêne massif, au feuillage grisonnant, Serge se définit comme un dinosaure des tuniques bleues. Direct, droit, intègre, il s'exprime avec un bel accent du Sud qui ajoute à son charisme. La culture de l'oralité, la transmission des ficelles du métier par les anciens, dans l'intimité d'un service de police, est partagée quasi exclusivement entre policiers. Serge offre cette plongée dans les couloirs du temps de la police. Pour lui, dans l'histoire que l'on retiendra, il y aura l'avant-2002 et l'après. Avant, le policier était évalué sur sa capacité à gérer les équilibres de paix sur sa circonscription. Et puis, sous l'impulsion de Nicolas Sarkozy, la paix publique est mise de côté afin de privilégier les arrestations des délinquants. Peu s'en sont rendu compte sur le moment, mais la politique du chiffre a provoqué une transformation fondamentale du métier de policier. Nous en souffrons encore aujourd'hui. Ceux entrés après 2002 n'ont pas connu la grande latitude que pouvait avoir un gardien de la paix dans la rue à l'occasion de sa mission. Dans ce mandat très large, il pouvait se permettre de prendre des initiatives, ce qui n'existe plus, et c'est une partie du malaise policier aujourd'hui.

Né en juin 1957, d'origine lorraine, éduqué dans le Sud-Ouest, il assume son caractère ambivalent, entre ouverture d'esprit et rigidité. Son parcours scolaire se déroule normalement jusqu'à l'internat, qu'il ne vit pas très bien. Il s'y sent comme un oiseau en cage, au point de « foutre le bordel ». Il obtient malgré tout son brevet des collèges mais, pour canaliser ce tempérament fougueux, son père lui recommande l'armée. Il devient mousse dans la Marine à 16 ans, à Brest. Il appelle son école l'« école du crime » puisque après la fermeture des maisons de redressement, la plupart des jeunes qui y étaient sont partis dans l'armée. Or Serge a grandi dans un village de 300 habitants et n'a donc pas eu l'occasion de côtoyer la délinquance. Un peu agité quand même, il a besoin d'un cadre et c'est ce que lui offre l'armée.

Il donne six ans. Six ans de carrière militaire avec une découverte de la vie professionnelle rythmée de voyages. Il est « radio-transmetteur » sur un bateau pendant trois ans puis envoyé en base aéronavale. En pleine guerre froide à l'époque, les mouvements et actions qui les occupent sont davantage tournés vers la surveillance et la veille. Il s'ennuie et souhaite quitter l'armée. Une carrière dans la police le tente. Il aurait dû logiquement aller en gendarmerie, faisant partie de l'armée, elle est donc plus facile d'accès si l'on peut dire, mais il préfère passer le concours de gardien de la paix afin d'éviter le cadre trop rigide, qui s'il était bienvenu autrefois a fini par peser. L'examen se déroule à la CRS 60, à Avignon.

DÉBUTS DE CARRIÈRE

Le 1er juillet 1979, Serge quitte l'armée, travaille en tant qu'éboueur saisonnier, se marie puis intègre l'école de police, à Sens, le 1er octobre. Il est alors surpris par la rigidité du cadre de la Police nationale, pensant y avoir échappé : pas le droit de sortir, les week-ends sont courts, beaucoup d'ordres serrés… Il n'est pas dépaysé. C'est un formateur détaché des services qui les encadre pendant six mois : sport, tir et secourisme. Serge n'aime toujours pas se sentir enfermé dans une école, mais prend son mal en patience. Il sera d'ailleurs le seul parmi ses quatre camarades de chambre à être allé au bout de sa carrière de policier : Claude Cayola est mort avenue Trudaine, à Paris, assassiné par Action directe en 1983 ; le deuxième démissionne car il trouve le métier trop difficile ; le troisième est gitan et a fait l'objet de préjugés discriminatoires et de harcèlement jusqu'à son départ de l'école, ce que Serge considère comme un gâchis car c'était un bon futur flic.

Il ne garde pas un souvenir impérissable de cette scolarité. Il est ensuite affecté à la préfecture de police, au « Capu », l'École nationale de la préfecture de police (ENPP), à Vincennes, pour poursuivre ses six derniers mois de formation initiale en alternance. Une semaine à l'école, une semaine dans les services de police. Serge s'installe donc en région parisienne avec son épouse. Ils sont hébergés pendant quelques mois dans des conditions rustiques à la Ferme Saint-Lazare, dans le 10e arrondissement. C'est un endroit où les prostituées de la Belle Époque passaient leur visite médicale. Le lieu est vaguement aménagé, avec des chambres et des lits au milieu pour dépanner. La préfecture de police propose des logements à La Courneuve, mais peu de policiers acceptent d'y résider. Serge trouve son cocon à Épinay-sur-Seine, moins cher et agréable. Une seule paie de gardien de la paix ne suffit pas pour se loger correctement à Paris. Peu après, il est affecté en Seine-Saint-Denis. Là où d'autres seraient effrayés par cette affectation, pour lui c'est une bonne nouvelle, sa plus grande terreur étant l'immobilisme ou l'ennui, ça vaut mieux que faire la plante verte dans les beaux quartiers pendant six heures tous les jours !

Affecté à la direction départementale de la sécurité publique (DDSP) de Bobigny, il découvre les unités mobiles de sécurité (UMS), la BAC de l'époque. Puis, à l'issue des six mois, il est orienté vers le commissariat des Lilas. Dès le début, il comprend qu'il a choisi le bon métier. 1979, son arrivée coïncide avec celle des premières femmes gardiennes de la paix. Les patrouilles sur les marchés de Romainville ou dans le quartier des Lilas sont un spectacle. Les pauvres sont affublées d'un uniforme « un peu con » avec une jupe peu pratique et un chapeau. Serge ne tarit pas d'éloges sur ses collègues féminines, avec qui il échange beaucoup. Elles ont du courage, c'est très compliqué pour elles car les « mâles » anciens sont réfractaires et très paternalistes : si une se retrouve conductrice du « panier à salade » et qu'il faut changer la roue, hors de question qu'une femme le fasse !

Serge reste un an aux Lilas. Il peut changer très vite de roulement, et passe à la nuit. Il aime bien le jour, car c'est une initiation aux missions de police secours, à la nature humaine, qu'il considère comme un vrai service public très formateur. Mais la nuit, il peut chasser les cambrioleurs. Il veut courir après les voleurs, comme tout jeune policier. Le service de nuit est plus réactif. En général, il pilote le « panier à salade » J7 de police secours, tel Jugnot dans *Pinot simple flic*, se faufile aisément et arrive avant la BAC 93 pour procéder à des interpellations.

Rapidement, il est remarqué par le capitaine de l'équipe de rugby de la police de Seine-Saint-Denis, qui est aussi le capitaine de la BAC 93 de nuit. Le recrutement s'opère au physique. Serge se laisse convaincre et rejoint leur unité. Il y découvre le travail collectif et une belle confraternité.

En 1983, il est présent lors du premier épisode de « violences urbaines » en région parisienne, après la mort de Toufik, un petit Algérien de 10 ans de la Cité des 4000, à La Courneuve. Papa depuis seulement un an, Serge est particulièrement touché, comme nombre de ses collègues. Après avoir observé tristement le départ de Toufik avec le Samu, Serge tente d'apaiser la colère des riverains qui déborde. La voiture du commissaire de La Courneuve est renversée. Deux policiers sont pris à partie au centre commercial de La Courneuve par des pillards. Le commissaire juge utile de placer deux gardiens de la paix devant, en garde statique, à minuit. « Viry-Châtillon avant l'heure »...

L'avantage de son unité est qu'elle est capable de passer rapidement d'une configuration anticriminalité au maintien de l'ordre.

Deux journalistes sont présents. Les leaders policiers leur demandent de poser leur caméra avant qu'ils chargent, ce qu'ils comprennent immédiatement. Ils enregistrent quelques plans des lieux et s'en vont. Vers minuit, la police charge une seule et unique fois. Lorsque les policiers sont déployés, Serge accompagne les anciens, tous armés du « bidule », la matraque longue et redoutée. Puis l'ordre revient et tout le monde rentre chez soi sans qu'aucune interpellation ne soit nécessaire.

Les missions de la BAC 93 sont essentiellement des interpellations, accompagnées d'un simple rapport de mise à disposition. Serge ne s'ennuie pas mais reste attentif à d'autres opportunités, comme le concours d'officier, qu'il décide de tenter. Le commandant de la BAC, dont l'une des missions est la formation et la promotion sociale des effectifs sous son commandement, le forme pour passer ce concours. Son expérience de quatre ans de terrain lui permet de postuler au concours interne sans diplôme. Serge l'obtient en 1984 et part en formation à Nice pendant un an. C'est une période difficile d'un point de vue financier car l'intégration en école entraîne la suppression des primes et donc une perte importante de salaire. Serge est loin de chez lui, il n'y a pas de TGV et rentrer tous les quinze jours a un coût. De plus, son fils, alors âgé de 2 ans, arrête de se nourrir depuis qu'il ne voit plus son père. Serge réfléchit à quitter l'école. Son épouse travaille aux Assedic mais elle a dû arrêter pour s'occuper de ses trois enfants (elle a eu deux enfants avant de rencontrer Serge). Beaucoup de gardiens de la paix travaillent sans le déclarer pour joindre les deux bouts. Certains effectuent des déménagements de nuit pendant les horaires de service. Serge, lui, étudie.

Mais son fils continue de perdre du poids. Il sollicite le commandant en charge et lui annonce qu'il veut démissionner. Le commandant, qui est un dur à cuire, reçoit Serge pendant une bonne heure et lui propose d'utiliser son téléphone fixe, le seul de l'école, pendant ses pauses, plusieurs fois par jour, pour parler à son fils.

« Essayons quinze jours et voyons le résultat. »

Serge, qui n'est pas du genre à lâcher, joue le jeu. C'est payant car son fils, rassuré, reprend du poids, ce qui permet à Serge d'aller au bout de sa scolarité.

Pourtant, il n'aime pas l'école et préfère le terrain. En tant qu'ancien gardien de la paix, plus âgé, son influence sur ses camarades fait de lui un leader. Sa « note de gueule[1] » est la suivante : *Possède une autorité naturelle – ce qui est plutôt une bonne qualité pour un officier – mais ne l'a pas utilisée dans l'intérêt de l'école.* Manque d'investissement dans le travail scolaire ou révolutionnaire dormant ? Hors des cases, Serge termine dans les bas-fonds du classement et hérite des dernières places : affectation en Seine-Saint-Denis, où personne ne veut aller, mais Serge est ravi même s'il sait que son choix ne sera pas facile.

---

1. Expression commune dans la police, qui fait référence à une notation basée sur le comportement de l'agent durant la scolarité. Avec un fort coefficient, elle est importante pour le classement final.

Affecté en journée au commissariat de Montreuil, Serge est heureux de retrouver le terrain. Cela dit, il reste une chauve-souris et veut travailler de nuit. D'autant plus que le poste d'officier est idéal : aucune gestion administrative des personnels, seulement opérationnelle. Aucune hiérarchie ou presque. Il n'y a qu'un seul commissaire de permanence, que Serge réveille en cas de besoin. Souvent le seul officier présent, Serge s'épanouit pleinement, dirige 70 à 80 gardiens de la paix, intervient sur les points chauds. Pour ce passionné, c'est le « pied intégral » : dans la rue en permanence pour intervenir sur les gros incendies, les accidents, les bagarres… Il change ensuite de district, toujours dans le même département, pour se rapprocher de son domicile. Une place se libère dans le 2e district à Saint-Denis. Il y reste deux ans avant d'être sollicité par son ancien commandant de la BAC 93, qui l'a aidé à passer le concours et recherche un adjoint de confiance. Il ne résiste pas à l'appel de son mentor et le rejoint à la BAC départementale en journée. Son terrain de jeu s'agrandit puisqu'il passe d'une circonscription au département tout entier.

Avant son arrivée, les fonctionnaires sont en « tenue bourgeoise » selon l'expression consacrée dans les PV actuels. En effet, les gardiens de la paix de jour travaillent en costume. Serge demande à son équipe de laisser tomber cet accoutrement par nécessité de discrétion liée à la lutte contre la criminalité. Son équipe innove et démantèle des ateliers clandestins, tandis que les problèmes liés aux stupéfiants augmentent.

Serge remplace également le commandant la nuit quand il est absent. Il découvre à ce moment-là qu'il se fait des ennemis dans les rangs de la police car il travaille différemment et apporte un souffle nouveau. Les Renseignements généraux (RG), par exemple, lui en veulent beaucoup, par jalousie et manque de présence sur le terrain, puisque Serge arrive à avoir des informations qu'eux n'obtiennent pas.

Quelque temps plus tard, le commandant de la BAC départementale nuit obtient un grade supérieur et doit prendre de nouvelles fonctions, laissant vacant son poste. Fort de ses quatre années de gardien de la paix et de ses deux années d'expérience de lieutenant, Serge demande à être nommé, « faisant fonction de commandant » tout en restant au grade de lieutenant pour diriger librement l'unité qu'il connaît par cœur. Il est naïf. Hors de question pour la boîte de le laisser agir à sa guise. L'administration lui colle un capitaine. Serge le prend mal car il pense avoir le profil parfait et refuse cette situation. Comme il n'a pas particulièrement d'ambition et souhaite privilégier sa vie de famille, il fait le choix de quitter la région parisienne et de retourner dans le Sud.

DÉPART DANS LE SUD DE LA FRANCE

Il obtient une mutation à la CRS 49, à Montélimar, il aurait préféré Marseille ou Toulon car le nouveau domicile familial se situe à La Ciotat. Il intègre les CRS au détriment de son avancement au grade de capitaine. Il se moque du nombre de barrettes sur ses épaules.

Il fait ses preuves là-bas pendant un an. Il s'« éclate » dans cet univers malgré l'éloignement avec près de 250 jours de déplacements par an. C'est énorme mais avec une compensation financière certaine. Moins d'interpellations et plus de maintien de l'ordre : ses missions de sécurisation dans les Yvelines ou en Seine-Saint-Denis le rapprochent des quartiers chauds.

Il obtient sa mutation un an plus tard à Ollioules, dans le Var, à côté de Toulon. Il fait toujours beaucoup de déplacements, qui finissent par impacter l'équilibre familial. Un équilibre qui finit par se rompre. Sa femme et lui décident de se séparer. Serge demeure dans le Sud mais passe plus de la moitié de l'année à Paris. Il souhaite désormais être nommé capitaine et la seule façon d'y parvenir est d'accepter une mutation à la CRS autoroutière n° 7 de Deuil-la-Barre. Cette perspective n'est pas réjouissante. Pourtant, c'est là qu'il deviendra ce qu'on appelle aujourd'hui un « lanceur d'alerte ».

RETOUR EN RÉGION PARISIENNE ET FORMATION OPJ

En 1992, Serge a 35 ans. Il se forme et obtient la qualification d'OPJ. Il devient spécialiste des accidents de la route et gère 230 fonctionnaires. C'est un des plus gros commandements au sein des CRS. Il obtient la qualification d'OPJ L23-1, spécialisée en infractions routières. Durant ces années à la CRS autoroutière, Serge n'a jamais passé autant de temps au travail. Il habite en face de la compagnie.

Il apprend la gestion des officiers et intervient sur de nombreux accidents mortels. Il est régulièrement confronté à la mort, violente. Ce n'est pas évident de diriger des troupes dans ce contexte. Il y a aussi la nécessaire et difficile annonce à la famille des défunts qui représente une partie du métier.

La première année est difficile car personne ne veut commander cette unité. Il y a beaucoup de travail et c'est un « vrai bordel ». Dès ses débuts, Serge demande quatre révocations dans sa compagnie lorsque sort une affaire de corruption avec des chauffeurs de taxi parisiens dans laquelle les policiers procèdent à des « indulgences », plusieurs centaines par mois en échange d'argent. Par exemple, lors de sa prise de poste, il reçoit de nombreuses sollicitations émanant de personnes influentes (cabinet du ministre, etc.) réclamant des arrangements. Serge les envoie tous paître. Dans sa tête, le message est clair et limpide : il faut dénoncer ces choses! Il pense que le chef du bureau de la circulation routière a des comportements suspects, choisit de le remplacer et de mettre un nouveau chef à la place, sûr de sa loyauté. Il constate alors à la réception de courriers de demande d'indulgence qu'ils sont accompagnés de billets de 500 francs…

Serge rapporte l'affaire à son état-major, sa hiérarchie directe. Il sent à ce moment-là que ça va être compliqué, la hiérarchie faisant partie des plus gros demandeurs d'indulgences. Ils s'arrangent avec les chauffeurs de taxi parisiens pour annuler les amendes, une combine impliquant les quatre unités autoroutières d'Île-de-France. Tout le monde gagne de l'argent là-dessus. Serge refuse catégoriquement d'y participer. Sa hiérarchie souhaite traiter l'affaire en interne, « en famille ». Mais Serge n'est pas d'accord avec cette volonté de dissimulation. Il appelle l'IGPN, qui lui explique qu'ils ne peuvent pas révéler des faits d'une telle ampleur. L'affaire est trop énorme, selon eux. Ils font le choix courageux de fermer les portes pour protéger la hiérarchie impliquée et révoquent seulement quatre effectifs de la brigade de Serge, ainsi que quelques-uns dans d'autres unités. La conséquence directe est de se retrouver dans le viseur de son état-major.

Grâce à ce « ménage », le service de Serge devient performant. Les policiers aiment leur boulot et ils le font bien. Mais au bout de quatre ans, l'administration policière décide que ce poste est trop important pour un capitaine et que seul un commandant a les compétences pour le gérer. Serge leur propose le même deal qu'à la BAC 93 : le laisser faire office de commandant au grade de capitaine. Il essuie un refus et un commandant est nommé. Cette fois, Serge est bloqué. Il ne peut pas être muté car ils ne veulent pas le laisser partir.

ENGAGEMENT SYNDICAL

1995 est une année importante pour la Police nationale française : celle de la réforme des corps et carrières. Les 16000 inspecteurs et les 2000 officiers de paix deviennent tous des officiers de Police nationale, tels que nous les connaissons aujourd'hui. Mais cette réforme ne va pas de soi puisque leurs compétences sont radicalement différentes : dorénavant un expert en procédure judiciaire peut commander une unité sur la voie publique et *vice-versa.*

Serge, représentant local du Syndicat national des officiers de police[2] (Snop), est sollicité pour son franc-parler et devient détaché permanent, une occasion en or de sortir du bourbier de Deuil-la-Barre sur laquelle il saute sans hésiter. Il s'échappe encore une fois de la cage. Par la suite, le commandant nommé à la tête de la CRS 7 fera une dépression liée à la difficulté du poste.

Serge est donc élu au syndicat. Ils sont quatre détachés permanents, forts de 4000 adhérents pour la région Île-de-France. Serge se retrouve derrière le miroir : il va place Beauvau discuter avec les directeurs centraux, où il est pris pour un imbécile mais toujours poliment. C'est déjà pas mal. Mais Serge n'est pas seul. Son binôme est un capitaine vosgien. Après leur rencontre, au bout de quelques discussions, ils ont l'impression de se connaître. À l'occasion de son pot de départ de la CRS, le commandant évoque son parcours dans la Marine. Bingo! Ils ont été marins sur le même bateau vingt-cinq ans plus tôt. Heureux hasard. Et ils se retrouvent pour s'opposer à l'administration. Deux parfaits compères avec la même volonté de défendre les policiers et l'intérêt général. Ils se rendent sans rendez-vous devant les bureaux des directeurs, annoncés absents par leur secrétariat. Qu'à cela ne tienne, ils font le pied de grue dans le couloir en attendant qu'ils reviennent, sachant parfaitement qu'ils sont dans leurs bureaux.

---

2. Le Snop a changé d'appellation pour devenir le SCSI : Syndicat des cadres de la Sécurité intérieure.

Serge est très actif durant ses trois ans de mandat. Il travaille à la revalorisation du corps des officiers avec un ancien collègue qui a fait « maths sup », donc capable de comprendre la mécanique économique du ministère et de détecter ses mensonges. Il calcule les économies faites sur le dos du corps des officiers, qui voit ses effectifs réduits. Avec Serge, ils obtiennent ainsi la première grosse revalorisation salariale pour les officiers. À l'issue de son mandat, Serge est sollicité, cette fois pour monter au bureau national du Snop, un marchepied pour devenir secrétaire général. Mais Serge n'est pas intéressé. Le problème est que, selon sa vision, plus le fonctionnaire passe de temps loin du terrain, moins il a envie de revenir et plus il se sent lié à l'administration avec laquelle il commence à faire de la cogestion. C'est le drame du syndicalisme policier.

RETOUR À LA RUE

Et puis Serge aime trop la rue. Juste après avoir obtenu l'avancement au grade de commandant, il demande à repartir en CRS, mais ces derniers n'ont pas oublié ce représentant syndical qui a osé parler. Hors de question de lui confier une compagnie ! La direction centrale CRS s'y oppose catégoriquement. La police n'aime pas la critique.

Le seul poste possible : commandant dans un état-major.

Grâce à ses alliés place Beauvau, Serge s'impose malgré tout au commandement de la CRS 7. Retour à Deuil-la-barre ! La DDSP et les CRS tentent toute la ribambelle de manœuvres plus ou moins subtiles de harcèlement pour le faire taire et se venger. Mais Serge est un malin, il connaît le règlement et reste dans les clous.

Jusqu'au jour où, un dimanche, alors qu'il dispose d'une demi-compagnie à la Foire du Trône l'après-midi et d'une demi-compagnie le soir, survient une prise d'otages dans la prison de Fresnes. Un hélicoptère tente de faire évader deux détenus à l'aide d'un pilote qu'ils tiennent en joue, mais l'opération échoue grâce aux filets de sécurité. Les ravisseurs finissent par jeter un sac d'armes, récupéré par les deux fuyards qui tirent sur un gardien de prison et en prennent deux autres en otage.

Serge est appelé, il regroupe la compagnie et, en arrivant sur les lieux, rencontre le directeur de la prison, le négociateur du Raid et le commissaire de permanence du Val-de-Marne. Le TI[3], jeune et impulsif, après lui avoir serré la main lui dit qu'il sait que Serge a déjeuné avec sa femme, commissaire également, la veille au Sénat. En effet, après le service d'ordre, Serge lui avait offert le couvert. Il s'étonne des préoccupations du commissaire, qui paraît jaloux, alors qu'ils sont en pleine prise d'otages. Serge échange surtout avec le négociateur du Raid : c'est dimanche, ils savent tous qu'il n'y aura pas de renfort. Il faut mener la mission et sécuriser le bâtiment avec les moyens du bord. La situation est figée. Les détenus lourdement armés ayant déjà fait feu, tous les gardiens de prison se sont enfuis.

Après avoir laissé un peu de côté le commissaire, le collègue du Raid, le directeur de la prison et Serge

3. TI est l'appellation du commissaire pour la radio, TK pour capitaine, etc.

préparent l'action : les deux preneurs d'otages sont dans un local. Il n'y a personne d'autre. En revanche, il faut que les détenus réintègrent leurs cellules pour éviter la mutinerie et l'émeute. Serge est volontaire pour y aller et demande à quelques gardiens de prison de l'accompagner. Quand les CRS entrent, déterminés et armés, notamment avec leurs matraques, les détenus ont peur car ils savent de quoi les CRS sont capables en pareille occasion. Ces derniers parviennent sans difficulté à faire rentrer tout le monde, sous l'œil des preneurs d'otages, qui feignent de ne pas les voir. Puis ils passent la nuit en prison et sont relevés le lendemain matin. Les preneurs d'otages se rendent dans la matinée.

À la fin de cette vacation très difficile, Serge retourne à Deuil-la-Barre et découvre deux commissaires de l'IGPN. Ils sont là pour une soi-disant enquête de commandement, c'est la première fois que Serge entend parler d'une pareille enquête. Exténué, il leur ouvre la porte du secrétariat en leur disant : « La compagnie est à vous. » Pendant la semaine suivante, les commissaires auditionnent l'ensemble des gardiens de la paix de la compagnie, qui racontent ensuite à Serge la teneur des questions : « Serge boit-il ? » « Arrive-t-il à l'heure au travail ? » Bref, des questions certainement pertinentes pour un audit de commandement…

Le dernier jour, Serge reçoit les deux commissaires dans son bureau, qui lui demandent s'il est au courant que l'ampoule extérieure de l'armurerie ne fonctionne pas. Le début de l'échange donne le ton. Serge ne peut se retenir de rire, intérieurement. Il comprend qu'ils n'ont rien à lui reprocher. Juste avant qu'ils partent, il décide de leur donner tous les rapports qu'il a pu écrire à sa hiérarchie durant son commandement, dans lesquels il dénonce des situations irrégulières et des magouilles internes. Par exemple, pour que les brigadiers ou les brigadiers-chefs obtiennent leurs avancements, ils doivent théoriquement changer de service. Or, Serge reçoit des télégrammes de mutation indiquant qu'un nouveau fonctionnaire va arriver dans son service, mais les policiers ne viennent pas et restent dans leur compagnie d'origine en ayant obtenu un grade supplémentaire. Il s'agit d'affectations fictives. Serge évalue ces affectations fictives, à l'échelle de son unique compagnie, à trois ou quatre par an, sachant qu'il y a 61 compagnies en France, soit autant de fonctionnaires qui apparaissent dans la nomenclature des ressources humaines mais dont les postes restent vacants, empêchant la compagnie entière de fonctionner correctement.

Autre exemple, son état-major lui demande de mettre à disposition deux motards de sa compagnie pour escorter le bus des joueurs de l'un des clubs de football de la capitale vers l'aéroport de Roissy. Ce dispositif n'est ni légal ni encadré, mais les donneurs d'ordre obtiennent en contrepartie un avantage en nature. Serge ne dispose que de 12 motards dans cette compagnie. Or, un effectif en moins a un impact direct sur l'action de la compagnie concernant sa mission de sécurité routière. C'est ainsi jusqu'au jour où Serge n'accepte plus de fournir des effectifs pour le confort personnel de son chef : comme il est têtu, il décide de régler le problème lui-même. Il monte une escorte avec un autre collègue officier et contrôle toutes les personnes présentes dans le bus, y compris les joueurs, en prenant son temps. Puis, sur le trajet allant à l'aéroport, ils ne franchissent aucun feu rouge. Enfin, sur l'autoroute, la lenteur du cortège oblige le bus à les doubler pour finir sa route sans escorte. Naïvement, Serge pense qu'ils ont compris et que la compagnie n'aura plus ce genre de service à rendre. Mais non ! Une nouvelle demande arrive, obligeant Serge à mettre en œuvre son ingéniosité sans limite. Il applique alors les consignes à la lettre en envoyant deux motards, en tenue motocycliste… mais dans une « R5 five » banalisée, sans gyrophare et sans deux tons ! Autant dire que le bus a eu à nouveau du retard, que l'état-major a vu rouge et qu'ils ont arrêté de le solliciter. Les gardiens de la paix, eux, en gardent un souvenir hilarant.

L'audit de commandement étant classé confidentiel, Serge ne parvient pas à l'obtenir. Mais l'état-major, quelque peu déstabilisé, encore une fois, par les révélations de Serge faites à l'IGPN, comprend que l'ingérence dans son commandement est une mauvaise idée. Comment être d'une rectitude absolue quand la hiérarchie impose de réussir une mission en laissant les fonctionnaires dans de telles conditions de travail ? La hiérarchie leur demande un discernement sans faille, et dans le même temps laisse passer des comportements inacceptables en renonçant au cadre. Pour Serge, c'est le plus grand drame du fonctionnement de la Police nationale. En interne, il faut parfois savoir être souple, mais toujours dans des limites claires et définies.

PROBLÈMES D'AUTORITÉ ET RÔLE DES SYNDICATS DE POLICE

En 1983, un collègue de Serge est assassiné. Serge travaille alors à la BAC nuit et va à l'enterrement le lendemain de son service. Il a dormi deux heures. Il s'en va après la cérémonie. Son copain est mort, il a beaucoup de chagrin et veut prendre son temps pour faire son deuil. Cependant, aux obsèques, un syndicat très à droite est présent. Il vient d'être créé et se sert de ce drame pour attiser la colère et la haine des policiers, entraînant des milliers de collègues à battre le pavé. Par mesure de rétorsion, la CRS 7 sera dissoute pendant deux jours après avoir laissé passer des manifestants criant : « Badinter ! Assassin[4] ! » devant la place Vendôme.

La semaine qui suit cet épisode de manifestations, entre 3 000 et 4 000 fonctionnaires sont convoqués à l'IGPN. S'ensuivent des centaines de révocations, dont celle de Rémy Halbwax, secrétaire général du syndicat qui s'appellera Alliance par la suite ! À cette époque, c'est considéré comme étant un acte d'indiscipline collective.

En 1999, soit quinze ans plus tard, même configuration avec cette fois-ci une manifestation de gendarmes et non de policiers, place de la Concorde. Serge est dans le bureau du ministre, avec tout l'état-major CRS. Vingt-cinq compagnies se tiennent prêtes. Mais sur le terrain, tout se passe bien. La police fait barrage. Les CRS rigolent avec

---

4. « 3 juin 1983 : des policiers manifestent contre le "laxisme" de la gauche », *francetvinfo.fr*, 13 octobre 2013.

les gendarmes. Pourtant, c'est aussi un acte d'indiscipline collective et tous les gendarmes manifestants devraient être poursuivis et révoqués. Il ne se passe rien. Les gendarmes ont manifesté en armes : c'est une mutinerie. Selon Serge, il est impensable d'être une force de sécurité et d'agir contre le pouvoir exécutif.

L'évolution de 1983 à 1999 est flagrante. Le constat est sans appel et les glissements de cette nature sont intolérables pour lui. Il est affligé par le mal-être de ses collègues, essaie de comprendre les racines du marasme et d'apporter sa pierre à l'édifice. Mais quand il constate, le 11 juin 2020, que des collègues de Toulon déposent les menottes devant le tribunal en signe de protestation, il s'emporte. Il ne peut tolérer que des policiers en uniforme déposent leurs menottes sur la voie publique : encore un acte d'indiscipline collective !

De même, lorsque Fabien Vanhemelryck, secrétaire général actuel du syndicat Alliance, s'insurge contre la mise en examen d'un policier à la suite de tirs mortels avec un fusil d'assaut[5], Serge ne peut pas accepter cette réaction. Certes, il n'y était pas donc ne sait pas ce qui s'est passé, mais il sait que le fusil d'assaut est une arme difficile à manier et qu'il y a deux morts. Fabien Vanhemelryck, en tant que représentant d'un syndicat de police, ne devrait pas remettre en cause une telle décision, c'est à la justice de trancher. De même, lorsque ce syndicat organise une manifestation en

5. *Cf.* l'affaire du Pont-Neuf, 29 avril 2022.

invitant à la tribune MM. Darmanin et Lallement devant la représentation nationale, est-ce son rôle ?

Les gendarmes disent qu'ils n'ont pas besoin de syndicat. Selon eux, les officiers protègent leurs collaborateurs et les accompagnent sur le plan social. En tout cas, c'était vrai dans les années 1980, mais plus dans les années 2000, raison pour laquelle ils manifestent place de la Concorde. Dans la police, c'est pareil : le contre-pouvoir syndical n'existe plus. Aux débuts des années 1980, c'est 60 000 policiers à jour de cotisation dans une fédération autonome des syndicats de police, la Fasp. Serge a connu des collègues blessés lors de la libération de Paris, les francs-tireurs partisans ou FTP, qui sont entrés comme gardiens de la paix et lui ont appris ce qu'était le syndicalisme, les valeurs auxquelles ne pas renoncer !

Serge souhaite seulement que le métier soit bien fait et que les gardiens de la paix soient heureux.

L'« audit de commandement » de l'IGPN et toute cette pression commencent à le faire réfléchir. Il décide de partir et demande une mutation au Service de coopération technique internationale de la police (SCTIP), devenu depuis la direction de la coopération internationale de sécurité (DCIS), regroupant ainsi gendarmes et policiers. On lui propose le Gabon avec tous les réseaux « Pasqua » sur place, mais comme Serge a l'étiquette « syndicaliste », l'affectation n'aboutit pas. Viré du Gabon avant d'y arriver... Il part en quarantaine à Djibouti de 2002 à 2005, un spot de plongée merveilleux. Il devient conseiller technique de l'équivalent du DGPN de la police de Djibouti, en uniforme local.

Serge s'y plaît et, paradoxalement, apprend beaucoup en matière de police, alors que c'est lui qui est censé « conseiller ». À l'ambassade, Serge est le chouchou et s'implante rapidement : il est celui qui trouve la solution à tout type de problématique. Aux Affaires étrangères, ils sont gentils mais peu dégourdis. Au bout de trois ans, le poste de secrétaire général d'une fédération de syndicats de fonctionnaires, qui vise la réunification syndicale entre le SNPT et le Snop pour reformer ainsi l'équivalent d'une petite Fasp, est proposé à Serge. Il ne souhaite pas ce poste mais ne peut le refuser. Le projet, pourtant très prometteur, est cependant stoppé en plein élan : l'administration policière a eu très peur. Serge ne perçoit pas les signes avant-coureurs, mais il est par la suite rapidement éjecté de son syndicat. Le secrétaire général du Snop a obtenu du Parti socialiste une circonscription de député proche de Bordeaux, en échange de l'éviction de Serge.

Serge va voir un homme dont on lui donne les coordonnées, qui trouve un emploi aux syndicalistes souhaitant retourner sur le terrain, nommé « le Recycleur », afin d'obtenir une place. Serge lui demande de retourner au SCTIP pour aller aux Comores : un poste très intéressant d'attaché de sécurité intérieure. Dix mille kilomètres entre Paris et Serge, c'est une bonne distance. Le même coup qu'au Gabon. Deux jours après, la réponse est négative. Serge apprend que ses ennemis l'empêchent d'obtenir ce qu'il souhaite. Le Recycleur lui rappelle qu'il y a quelques siècles, à l'image du duc d'Enghien, tout se serait réglé dans un fossé à Vincennes. Serge est porté disparu administrativement : payé et détaché, affecté chez lui, bref dans la nature !

Mais il est du genre obstiné. Il ne tient pas à finir dépressif. C'est une quarantaine. Une mise au placard. La cage ne va pas tenir longtemps. Serge postule à l'Institut national des hautes études en sécurité (Inhes), qui dépend de Matignon, afin de reprendre un cycle d'études. Serge retourne voir le Recycleur et lui dit :

« Écoutez-moi bien, j'ai demandé l'Inhes. Vous me réaffectez parce que sinon je vous fous un bordel comme jamais vous n'avez vu. Je vais faire une grève de la faim. Je vais m'enchaîner aux grilles de la place Beauvau.

— Ah bon ?

— Réfléchissez bien. »

Lorsque le TG sort, c'est un soulagement pour lui d'avoir gagné. Son directeur, un préfet, n'a pas particulièrement apprécié de se voir imposer Serge dans ses équipes. C'est une institution pompeuse qui s'attache aux codes de soumission à l'autorité, pour que le préfet choisisse ses disciples. Trois mois plus tard, il s'en va, et le nouveau directeur, un universitaire, demande aux policiers présents, avec une grande expérience, de travailler sur des projets divers avec des chercheurs : sociologues, économistes, politologues. Le policier sera directeur de projet.

Serge se retrouve à piloter des BAC + 12 avec son brevet des collèges car il est le seul policier. Les chercheurs profitent de son expérience de terrain et Serge apprend la méthodologie de recherche et bien plus encore. Une collaboration harmonieuse. Il n'a pas besoin de rendre compte de son activité à la Police nationale. Ces équipes de recherche sont considérées comme l'antidépresseur du ministère de l'Intérieur. Chaque fois qu'ils ont peur, ils commandent une étude. Serge tient son record de longévité : cinq ans d'études à ce poste. Il en profite pour théoriser la prohibition française des drogues et son impact sur la relation de la population avec sa police. Le ministre n'a pas tenu compte de son rapport d'alerte.

Après les violences urbaines de 2005, une étude est transmise en 2007. Silence radio.

En 2007, se rappelant sa première expérience à La Courneuve, en 1983, Serge a l'occasion d'observer à Villiers-le-Bel les événements. Il demande alors à aller, avec des journalistes, à l'encontre de la volonté de la DGPN, passer la nuit sur le terrain pour observer. Il assiste ainsi à la seconde nuit de violences.

Il mesure la différence entre 1983 et 2007 et surtout l'échec de la gestion du quartier. Les CRS ont reçu du plomb dans les boucliers et dans les jambes. Après cette nuit d'observation, Serge se confie au commandant de la CRS 40 : « Je suis content de ne pas avoir commandé une unité cette nuit, car ce matin soit j'aurais été viré, soit j'aurais été démissionnaire. »

Il n'admet pas que les policiers se soient fait arroser et considère qu'un cap de violence a été franchi. Un policier ne doit pas servir de cible et se laisser tirer dessus. En 2008, pour répondre à l'échec général, Serge et les chercheurs pensent la fiche de poste du délégué à la cohésion police population (DCPP).

Le directeur suivant s'installe, un ancien du syndicat des commissaires, avec qui la bagarre est âpre : Serge n'est plus chef de projet.

Vient 2010, c'est le temps de la retraite pour lui. Mais vu sa cote d'amour à la direction générale, personne ne veut qu'il obtienne le grade de commandant fonctionnel – près de 250 euros de différence pour la retraite. Le directeur de l'Inhes lui promet de s'en occuper et se vante de connaître Jean-Claude Gaudin. Pourtant, Serge n'est pas sur le tableau d'avancement.

Il lance des recours au tribunal administratif, auquel il demande l'annulation de plusieurs tableaux d'avancement. Au bout de trois ans, il sollicite une audience auprès du DGPN. Son chef de cabinet, un commandant de police, lui demande par téléphone pourquoi voir le directeur : « Je vais partir à la retraite, j'ai largement l'ancienneté, j'ai les bonnes notes. Donc je vous préviens, il faut me passer fonctionnel. »

Quinze jours après, il rappelle Serge. Il est nommé commandant fonctionnel. Il a gagné. Ses recours au tribunal aboutissent aussi : l'administration est condamnée à lui reprendre toute l'ancienneté par rapport au premier tableau d'avancement contesté. Serge gagne ainsi plusieurs milliers d'euros, part à la retraite, devient consultant et continue de faire de la recherche.

Sa carrière de réserviste commence en 2015, après les attentats. Serge postule à Toulon. Il ne le sait pas, mais le poste de DCPP vient d'être créé et lui est proposé. En effet, à la suite du plan banlieue de Fadela Amara, le ministère appelle pour avoir des idées. La fiche de poste du DCPP lui est transmise. Elle est créée grâce à l'unité de prévention urbaine à Marseille, qui effectue un travail formidable. Après une expérience pilote en Seine-Saint-Denis, le ministère la généralise en 2012. Ce service fonctionne. C'est une proximité qui répond à la demande de la population. À son arrivée, il est prévenu : « C'est un poste qui va être difficile car le collègue précédent s'est bien débrouillé. »

Serge a théorisé ce poste et il le met désormais en pratique. Il peut vérifier lui-même ses hypothèses policières de recherche. Il occupe le poste depuis cinq ans et reste passionné. Il travaille théoriquement 120 jours par an, sans les heures supplémentaires. Le DCPP est investi dans la vie de quartier pour mettre en lien les familles en difficulté. Il tisse un réseau de confiance entre tous les acteurs de la rue et au-delà. C'est un policier en civil et sans arme, identifié cependant en tant que policier. Ce n'est pas une mission d'infiltration, c'est une mission de recherche de confiance. Serge, sans mettre en difficulté les témoins, fait l'interface entre les victimes, les informateurs, la police, la justice et les citoyens locaux. Quand il parle à un magistrat, il ne cite jamais ses sources, qu'elles soient policières ou non, pour protéger la confiance avec les différents acteurs. Il accompagne les familles pour le relogement, il se bat pour les chantiers d'insertion…

La population le sait, le reconnaît comme son policier et vient lui parler.

Il faut tout construire. Il ne sait pas si cela va marcher. Mais personne ne protège personne dans le quartier. Serge n'est pas fait de ce bois. Il aide sans compter, et sa satisfaction personnelle est de réussir à aider les gens. Il n'est pas rare que pour les tentatives et/ou assassinats, Serge soit informé du nom du tireur avant même que la PJ soit saisie. Il est capable de faire de la prévention en matière de « règlements de comptes ». Trois vies sauvées récemment. Sa satisfaction policière.

Il appelle de ses vœux la création d'un réseau de DCPP partout en France pour partager les expériences. Cela fait trois ans que Serge alerte son directeur sur le fait qu'il n'est pas l'avenir et qu'il est temps de transmettre son savoir à de jeunes policiers. Comme il n'a pas de réponse, il forme un policier en cachette de ses chefs.

Serge a la chance d'avoir cette opiniâtreté et sa personnalité. On l'aime, on le déteste, mais on n'est jamais indifférent. La haine, la détestation par certains policiers n'est pas une légende, mais les autres l'adorent. Il a toujours eu des alliés. Les choix d'affectation moins exposés à la lumière lui ont permis de se faire oublier par moments.

Il ne regrette rien, se souvient en rigolant des avertissements de ses collègues qui lui disaient : « Serge, quand même, t'es suicidaire ou quoi ? Il vaut mieux que tu fermes ta gueule ! »

Et lui de répondre inlassablement : « J'ai des convictions. »

La définition de Serge pour le lanceur d'alerte est la suivante : un être humain animé par la justice. Ou, plus exactement, l'injustice lui est insupportable et il résumerait l'attitude de la hiérarchie ainsi : « Soit t'es capable de te rebeller, soit tu suis le mouvement. »

Jean-Marc Cantais

« Tout homme ou institution qui essaiera de me voler ma dignité perdra. »

Nelson Mandela

Jean-Marc Cantais est né en 1970 à Bourg-la-Reine. Sa mère est secrétaire, son père est chaudronnier puis contrôleur RATP. À ses quatre ans, ils partent vivre à Épône, dans les Yvelines. Ses parents sont stricts. Ce cadre autoritaire le pousse à vouloir partir très jeune de chez lui. Quand arrive le moment de son service militaire, il devance l'appel car il veut s'engager dans l'armée. Il fait une demande pour l'École interarmées des sports, qui restera sans suite. C'est le commissariat des sports militaire qui l'affectera, compte tenu de son niveau sportif, à l'école des officiers et sous-officiers de Tours, au bureau des sports, en tant que moniteur.

Pendant son service, beaucoup de militaires le découragent d'entrer dans l'armée, mais Jean-Marc est passionné. Il souhaite intégrer un corps d'élite d'intervention. Il s'oriente donc vers le concours de gardien de la paix, qui lui permettra d'évoluer vers son rêve : le Raid, groupe d'intervention d'élite de la Police nationale, ou encore le Service de protection des hautes personnalités (SPHP). Il obtient le concours quand il est à l'armée et enchaîne avec l'École de police, en septembre 1991, à l'ENP de Reims. Après un an de formation, il prend la spécialité « Compagnie républicaine de sécurité » (CRS). Selon les anciens, c'est une bonne voie pour intégrer les services d'élite.

Bien classé à l'issue de la scolarité, il obtient la CRS de Roanne comme première affectation. Une compagnie baptisée « Compagnie sac à dos » parce qu'ils enchaînent les déplacements. La CRS est appréciée de la population. En parallèle, Jean-Marc s'intègre dans des structures sportives et découvre les maîtres-nageurs sauveteurs (MNS). Il est tenté, mais ne sait pas nager. Alors il apprend et se perfectionne.

Le commandant de la compagnie lui refuse la formation pour devenir moniteur APP (activités physiques professionnelles, soit tir et techniques de défense), ne voulant pas se défaire d'un fonctionnaire. Déjà à cette époque, il n'était pas rare que certaines demandes ne franchissent pas l'enceinte d'affectation. Sa demande pour le SPHP aura la même destinée. Jean-Marc se rapproche alors des collègues MNS.

En 1995, il réussit les sélections pour le brevet national de sécurité, de sauvetage et secours aquatique (BNSSA), deviens MNS et surveille les plages sur le littoral. Il y assure la sécurité des personnes et procède à des interventions de sauvetage, hélitreuillage, etc. Il est affecté à la commune de Camiers-Sainte-Cécile, dans les Hauts-de-France, où il rencontre celle avec qui il fondera une famille, elle aussi MNS à la Société nationale de sauvetage en mer (SNSM).

En 2005, nommé au grade de brigadier, Jean-Marc s'épanouit professionnellement. Chaque année, il passe les sélections pour être détaché durant l'été. Le reste du temps, il retourne à des missions plus classiques de CRS, allant du maintien de l'ordre aux diverses sécurisations. Jean-Marc rejoint la CRS 29 à Lannemezan cette même année et il obtient le grade de brigadier-chef dans la foulée. Il est ravi. Sa femme aussi. Ils adorent cette région et souhaitent s'y établir avec leurs enfants.

En 2006, il devient chef de poste à Anglet. Puis en 2007 et 2008, chef de plage, précisément à la Chambre d'amour, lieu très prisé des amoureux et des touristes de toutes nationalités. Le cadre de travail est idyllique et la tâche plus diverse qu'il y paraît de prime abord : ramener le corps de nageurs noyés parfois depuis quelques jours, et procéder au massage cardiaque, prévenir les familles et les proches, intervenir sur des bateaux, gérer les relations avec les mairies, les Affaires maritimes, diligenter les « enquêtes de noyades », effectuer des auditions, des constatations sur la météo, les marées, le plan de plage, etc.

Il change plusieurs fois de CRS. Tout se déroule à merveille jusqu'à la saison 2008. Cette année sonne la fin de sa carrière de maître-nageur chef de plage. Celle de la CRS aussi…

LE PREMIER CHOC

Le 14 avril 2009, sa vie prend un tournant décisif. Valentin H., son supérieur dans la section jusqu'en 2007, est aussi son ami. Les CRS sont comme une grande famille, ils passent leur vie ensemble, partant souvent en mission. Avec Valentin, ils sont dans le même groupe de section de protection et d'intervention (SPI), partagent la même chambre lors de certains déplacements et la même passion pour le sport et les arts martiaux. Pourtant, un jour, sans que personne s'y attende, Valentin tue sa femme et ses deux enfants avec son arme de service avant de retourner son arme contre lui.

Il est connu comme compétent, investi pour ses collègues dans le syndicat Alliance, élu dans son village et respecté en tant que policier. Il n'a jamais évoqué ses problèmes. Tout le monde est sous le choc. Jean-Marc est tellement touché qu'il ne se rappelle plus comment il apprend la nouvelle.

Il ne sait pas grand-chose de l'enquête, n'ayant jamais trop voulu savoir. Dans sa mémoire, reste le Playmobil d'un des enfants, posé sur un cercueil blanc. Il veut garder l'image de son chef et ami, qu'il voyait comme un père aimant et protecteur.

Jean-Marc continue malgré tout le travail sans aucune prise en charge. À la CRS, il faut se montrer fort, parler de difficultés psychologiques est impensable.

Quelques mois plus tard, Marco, le collègue qui a découvert les corps, passe le voir et lui fait prendre conscience que son état nécessite une prise en charge. Il lui recommande d'aller voir la psychologue de la police. Comme tout bon « mec » qui se respecte, par méconnaissance des « psys » et par peur des préjugés, Jean-Marc se dit que n'étant ni fou ni malade, c'est superflu. Marco ne l'écoute pas et appelle devant lui. Mais c'est un échec. Jean-Marc est dans le déni, hors de question de se faire bousculer par une inconnue. La psychologue, quant à elle, s'inquiète de son état et contacte son épouse pour s'assurer qu'il est bien rentré. Elle enclenche une procédure médicale et l'oriente vers un médecin de l'administration qui diagnostique un état de choc post-traumatique.

Il reste en arrêt maladie plus d'un an pendant lequel il entreprend un travail personnel. Mais le terrain et les « copains » lui manquent, et il demande à reprendre. À son retour, la procédure veut qu'il soit désarmé. Il travaille en mi-temps thérapeutique et est bombardé OPJ, « officier des parcs et jardins » à la CRS, homme à tout faire en somme… Il ne part plus en déplacement.

À ce moment, il prend conscience qu'il a besoin de se rapprocher de sa famille. Sa vie sociale a été limitée pendant des années. Il quitte donc les CRS, à contrecœur. Quelques jours avant de partir, son commandant lui dit :

« Monsieur Cantais, si vous voulez rester, vous me le dites tout de suite, on annule la mutation. »

Jusqu'à cette date, il n'a jamais eu aucun problème hiérarchique. Il est bien intégré, apprécié et considéré.

Il obtient une mutation dérogatoire pour rapprochement familial et part à Pau le 1er juillet 2013. À la demande de la commissaire Brigitte N.-C., il formule au médecin le souhait de mettre fin à son mi-temps thérapeutique dans l'optique d'une meilleure intégration. Implicitement, cette suggestion lui met la pression de bien faire. Il n'a alors presque jamais eu affaire à un commissaire puisqu'à la CRS le patron de la compagnie est le commandant. Mais il veut travailler à tout prix, intégrer la BAC et faire son boulot de policier.

En arrivant, il est affecté en police secours, à l'unité de roulement UR1 comme adjoint du chef de groupe. Le chef de groupe est un ancien du Raid. Jean-Marc est brigadier-chef depuis près de dix ans, mais il doit tout apprendre du métier de policier du quotidien. L'« Urbaine » – qualificatif de la police de commissariat donné par les CRS – est très différente de ce qu'il a appris jusqu'ici. Il sait tout juste faire la différence entre une « ivresse publique et manifeste » (IPM), autrement appelée « ivresse sur la voie publique », et un écrou, découvre l'ordinateur et la main courante. Dans un premier temps, il est cependant bien accueilli. Tous les dimanches matin, c'est le traditionnel « poulet patates » et l'ambiance avec ses collègues est bonne. Jean-Marc est heureux de pouvoir à nouveau porter l'uniforme et servir.

À la CRS, tout est carré et strictement effectué dans le cadre de la loi. Il sait ce que sont le conflit, l'affrontement, les blessures et les interpellations musclées. Il va découvrir en revanche que tout n'est pas aussi rose qu'il y paraît dans la vie au commissariat. Par exemple, il assiste à des violences illégales commises par un policier. Un matin, vers 6 heures, il interpelle avec une collègue un homme pour un « vol à la roulotte », un vol précédé de dégradations dans un véhicule. Le mis en cause, qui obtempère, est placé dans le véhicule de service pour être conduit devant un OPJ. Alors que le suspect est menotté, un fonctionnaire d'un autre équipage vient le frapper au visage, gratuitement. Jean-Marc n'a jamais vu ça. Sa collègue est obligée de fermer la porte du véhicule et lui de s'interposer physiquement pour protéger l'interpellé. Il prend ensuite à part le policier violent et lui dit son désaccord face à de tels agissements. Le fautif n'en a que faire, il l'ignore. Jean-Marc en rend compte à son chef de brigade verbalement, mais aucune suite n'est donnée.

À partir de ce jour, Jean-Marc reste attentif et remarque plusieurs fonctionnements répréhensibles au sein de son unité : les policiers achètent (en espèces) à la charcuterie en dehors des heures d'ouverture des mets pour très peu d'argent et, en contrepartie, ils ne verbalisent pas les stationnements anarchiques devant la boucherie. Pourtant, la hiérarchie a donné ses instructions dans une note de service. Toute voiture mal stationnée dans ce secteur doit faire l'objet d'une verbalisation. Alors que dans d'autres secteurs les policiers n'hésitent pas à appeler la fourrière systématiquement, ici la complaisance est de mise. Pour Jean-Marc, c'est une forme de corruption.

Chaque jour est rythmé par une routine bien rôdée, tous les matins vers 5 heures, c'est le cérémonial de la distribution des rôles : qui va acheter le pain, la charcuterie, etc. Puis ils partent derrière des hangars SNCF pour aller dormir avant que la hiérarchie arrive. Vers 8 heures, retour au commissariat comme si de rien n'était. L'idéal policier de Jean-Marc en prend un coup. Certains font tout pour travailler le moins possible et frauder l'administration.

Un jour, la salle de commandement demande l'intervention d'un équipage dans une grande surface après un vol. La personne appréhendée est récalcitrante, les premiers à intervenir, deux policières, ont donc demandé du renfort.

Certains membres de la brigade ne sont pas à l'écoute radio, car occupés à goûter, il n'y a donc personne pour répondre à l'appel de détresse des collègues en difficulté. Pour Jean-Marc, c'est l'écart de trop. Il rédige un rapport pour changer de brigade en expliquant oralement à son chef la raison de ce choix : il est en décalage par rapport au groupe, dont il ne cautionne pas les pratiques collectives. Il demande à être affecté en UR3 à l'occasion d'un appel d'offres lancé au commissariat. Il essuie un refus.

En septembre 2013, lors d'une intervention pour un différend familial, il contrôle un homme avec une collègue. À ses pieds, il aperçoit dans son sac de sport ouvert une arme de poing. Malgré leurs injonctions, l'individu se rebelle et Jean-Marc est contraint d'utiliser la force. Blessé, on le transporte à l'hôpital. Heureusement, rien de grave, hormis une plaie et des douleurs aux cervicales qui nécessitent deux jours d'arrêt. Quelque temps après et à la suite de douleurs récalcitrantes, il demande la prise en compte de cette rechute. De ce même fait, il demande que cette blessure soit reconnue comme étant survenue « en service ». La réponse de la capitaine Noémie G., chef adjoint de l'unité « Voie publique », est cinglante : « Encore faut-il le prouver ! »

Elle ne transmet pas sa demande. Sa blessure sera malgré tout reconnue par arrêté.

CHEF DE L'UR1

Fin 2013, alors que Jean-Marc est en congé, la capitaine Noémie G. informe les effectifs de l'UR1 que le brigadier-chef Robert I., leur chef d'unité, est affecté à l'UR3 (adjoint) et que Jean-Marc est nommé chef de l'UR1. Elle explique que son objectif est de remettre de l'ordre et de faire cesser les dysfonctionnements dans la brigade.

Un peu plus tard, Jean-Marc reçoit un appel d'un policier de l'UR1 qui lui demande de venir au commissariat immédiatement, sans lui expliquer pourquoi. Il est inquiet, craignant quelque chose de grave, et appelle le chef de brigade, qui, dans une colère noire, l'accuse de prendre sa place, d'être un traître, d'avoir agi dans son dos et de « magouiller » avec la hiérarchie… Jean-Marc reste interdit et se demande ce qui a bien pu se passer pendant son absence. En fait, dans son rapport, la capitaine Noémie G. a justifié le déplacement du chef de l'UR1 à l'UR3 en décrivant la première en ces termes : *Cette unité est régulièrement rappelée à l'ordre par la hiérarchie par rapport à des problèmes comportementaux de ses effectifs (mauvaises tenues vestimentaires de certains, problèmes d'écoute radio pendant les pauses, absence d'appel et de passage de consignes) que le chef de brigade avait du mal à gérer. […] Vous décidez alors de l'affecter à cette unité (UR3) et de nommer le brigadier-chef Jean-Marc Cantais, chef de l'unité de roulement 1.*

Ennuyé, Jean-Marc se déplace pour venir s'expliquer. Toute la brigade UR1 est dans une salle. Tous contre lui. Pour eux, il est coupable d'un pacte avec la hiérarchie. Habituellement, ils pensent que les officiers sont des menteurs, qu'on ne peut leur faire confiance, mais là ils prennent pour argent comptant ce que la capitaine Noémie G. leur a raconté. Ils le menacent d'être mis en quarantaine s'il fait ce que la hiérarchie demande.

Jean-Marc tente de se faire entendre, en vain. À son retour de congé, il découvre officiellement son affectation. Le jour même, les consignes lui sont données de remettre de l'ordre dans la brigade. Il fait part à la hiérarchie des propos tenus, de l'ambiance et de ses doutes sur sa capacité à diriger cette équipe en particulier. Certes, il a envie de travailler, mais il reste conscient de ses lacunes. Il sait interpeller, faire un PV, se comporter de manière sécurisante avec ses collègues en intervention, mais il ne maîtrise pas encore les subtilités nécessaires à l'exercice en sécurité publique ni les codes managériaux. Il est toujours en apprentissage et leur fait part de ces éléments en demandant à avoir un bon adjoint ou un groupe solide sur lequel s'appuyer, sans succès. La menace des membres de la brigade est alors mise à exécution : il est placé en quarantaine, la quasi-totalité des effectifs ne lui adresse plus la parole. Exclu du groupe, il ne sait pas ce qui se passe sur le terrain en son absence ou lorsqu'il occupe la fonction de chef de poste au commissariat. Personne ne l'aide malgré ses demandes, ce qui sera également constaté par la capitaine. Pour eux, il est un chef CRS, donc il n'a aucune légitimité.

De son côté, Jean-Marc tient son rôle de chef de poste et doit s'assurer du bon fonctionnement à l'intérieur des locaux de police, de la sécurité, de l'accueil, de la surveillance des personnes gardées à vue, de la gestion de l'armement collectif, de vérifier la tenue de l'ensemble des registres ou encore d'informer les effectifs des consignes hiérarchiques. Mais il ne peut pas tout faire seul et ses collègues refusent de venir au poste. Ils ne veulent pas être présents pour les consignes et lui font savoir qu'il faudra qu'il vienne en salle de repos s'il a besoin de leur parler. Quand il demande l'application des consignes, les réponses qu'il reçoit oscillent entre « Ici, c'est le chef qui s'adapte au moule et non le moule qui s'adapte au chef », « Tu veux faire ton petit chef de merde », « Moi, j'ai rien entendu » ou encore « Il faut que tu fasses très attention à toi et à ce qui peut t'arriver », etc. Ils se moquent de lui ouvertement, refusent tout en bloc. Jean-Marc en rend compte verbalement au capitaine, mais rien ne se passe. Elle lui met simplement la pression pour qu'il décrive par écrit les dysfonctionnements de manière nominative. Elle veut des noms et compte sur lui pour faire le boulot qu'elle-même ne semble pas décidée à faire.

C'est à cette période que Jean-Marc croise le chemin de François-Thomas G., rugbyman passionné. Ce dernier rejoint l'UR1 et sympathise avec ses camarades. Très rapidement, il se met du côté de la meute. Au moment où le plan de congé doit être effectué, novice en la matière, Jean-Marc demande conseil. On lui dit que seulement quatre personnes de la brigade peuvent être en congé à la période de Noël, deux personnes sont rappelables et deux ne le sont pas. Or, il y a déjà trois personnes positionnées, dont lui. Il propose à François-Thomas G. de prendre la place restante en lui expliquant qu'il sera rappelable, mais celui-ci n'est pas d'accord, ce qui entraîne un conflit de positionnement. Convoqué chez la commissaire Brigitte N.-C., cette dernière ne le soutient pas. Elle demande à Jean-Marc de concéder ses congés et donne satisfaction à François-Thomas G. Las, Jean-Marc accepte de lui en laisser la moitié car il ne veut pas d'histoires. François-Thomas G. est galvanisé, il n'a pas cédé « au chef » !

Les membres de l'UR1 ne lâchent pas Jean-Marc. Ils ont mis en place un cahier dans lequel ils consignent leurs faits d'armes depuis son arrivée. Pour mettre en scène son incompétence en tant que chef, ils vont jusqu'à se déguiser pendant le service avec des perruques et immortaliser les faits en photo. Ils se moquent des remarques sur leur tenue. Dès que Jean-Marc n'est pas là, ils ne se gênent pas pour faire comme bon leur semble, quitte à maltraiter les victimes qui se présentent au commissariat. Pourtant, lorsque l'une d'entre elles écrit son indignation au procureur de la République, c'est Jean-Marc qui est accusé. À l'initiative de la capitaine Noémie G., il est même confronté à la victime pour savoir si elle le reconnaît, si c'est bien lui qui a refusé sa plainte. Jean-Marc est envahi par un sentiment de honte, d'humiliation, mais ce fait manifeste déjà le soutien de sa supérieure… Aucun autre effectif de l'UR1 ne fera l'objet d'une telle confrontation.

Le 16 janvier 2014, la capitaine Noémie G. lui adresse une note écrite personnelle : *Bien vouloir nous fournir un rapport concernant les dysfonctionnements que vous avez pu constater ou qui vous ont été rapportés par d'autres unités.*

Le 20 janvier, il écrit afin d'expliquer qu'il a besoin de temps pour redresser la brigade. Il ne souhaite pas aggraver le conflit avec les effectifs en jouant ce rôle qu'on lui impose, de toute façon la hiérarchie est déjà au courant des dysfonctionnements, et ce, depuis bien avant son arrivée. Elle n'endosse tout simplement pas ses responsabilités.

Il se sent pris entre le marteau et l'enclume. Écrire ? Il sera rejeté par ses pairs. Ne pas le faire ? Il subira la pression de la hiérarchie. Il demande conseil au représentant syndical d'Alliance, qui lui dit : « Si tu écris contre les fonctionnaires, tu seras grillé partout au commissariat. T'es mort. »

Jean-Marc mesure les conséquences et décide de ne pas écrire contre eux.

Puis François-Thomas G. est « viré » de l'UR1, selon la capitaine Noémie G. pour aider Jean-Marc à gérer la brigade... Bien sûr, François-Thomas G. en veut à Jean-Marc car il a dû quitter une « sacrée équipe », alors que c'est la capitaine Noémie G. qui a pris cette initiative. Diviser pour mieux régner... Le quotidien est difficile. La quarantaine s'applique également sur le terrain.

Un jour, ils reçoivent un appel pour « tapage ». Une demi-dizaine d'individus alcoolisés est regroupée dans un appartement. Jean-Marc se présente et entre dans l'appartement pour faire cesser le trouble. Ses collègues ne le suivent pas, ils attendent sagement dans le couloir. La situation n'est pas sécurisée pour un seul agent vu l'état d'ébriété général et la présence d'un grand couteau de cuisine sur la table.

Un peu plus tard, c'est l'hôpital de Pau qui appelle à la rescousse pour un homme perturbant le service des urgences. L'individu est virulent et exige d'être pris en charge immédiatement. Un équipage en renfort est diligenté sur place. Lors de leur arrivée, constatant que Jean-Marc est déjà là, ils le laissent une fois de plus seul, avec un médecin et une infirmière, tous deux médusés.

Jean-Marc en est réduit à demander aux effectifs d'autres brigades des conseils pour progresser rapidement. Isolé dans la sienne, il n'a pas le droit à l'erreur. La seule personne qui l'aide, une chef de l'UR2, est, elle aussi, mal vue par les « gardiens de la paix » qui la considèrent trop stricte. Elle prend sur elle de lui enseigner les connaissances nécessaires à la sécurité publique, parfois sur son temps personnel après sa vacation.

Toujours désireux d'évoluer vers les services d'intervention comme la BAC, Jean-Marc souhaite participer à un stage « Tireur qualifié » afin de progresser et de préparer les évaluations. Il essuie un refus, ayant été absent cinq jours depuis sa reprise. La participation à une formation dépend de la haute bienveillance de sa hiérarchie…

Dans la même optique, il rédige une demande afin de participer à un triathlon police et reçoit la réponse suivante : « Les difficultés d'encadrement de l'UR1 impliquent une forte présence de son nouveau chef jusqu'à retour à la normale. »

Pourtant, certaines dérogations sont acceptées lorsqu'il s'agit de libérer un joueur de rugby malgré des restrictions d'effectifs. Quand un membre de l'UR1 fait ce genre de demande, celle-ci est acceptée sans que cela pose un réel problème. La capitaine Noémie G. joue de tout son pouvoir de contrainte pour faire comprendre à Jean-Marc qu'elle est la cheffe.

Jean-Marc doit impérativement sortir de là. Il postule pour un autre service, le Groupe d'appui judiciaire (GAJ). Il sollicite également une autorisation de temps partiel, qualifiée d'« incompatible avec les fonctions de chef de brigade » par sa hiérarchie. Mieux, alors qu'il entre dans la dernière année pour le faire, il souhaite passer les tests de sélection de formateur en techniques et sécurité en intervention (TSI), ex-animateur APP, et précise au capitaine que la limite d'âge est de 45 ans et que cette formation lui tient à cœur. Son rapport disparaît et ne sera jamais transmis. Pourtant, le profil de Jean-Marc est idéal : sportif de haut niveau en judo, professeur et quatrième dan, maître-nageur sauveteur, diplômé d'un master 2 Staps. Ainsi, il ne pourra jamais évoluer dans sa spécialité.

Jean-Marc se rend compte qu'il est dans une impasse et rédige un rapport, le 27 juillet 2014, pour être dessaisi de ses fonctions de commandement de l'UR1 en précisant que « cette situation a pris une ampleur démesurée pour sa santé ». Il a encore une fois tenté d'alerter.

Il est ensuite convoqué par la commissaire Brigitte N.-C. Sont présents l'adjoint du chef de service, l'officier chef de la tenue et son adjoint, la capitaine Noémie G., soit quatre personnes contre une. Quand ils évoquent la situation au sein de l'UR1, la capitaine Noémie G. dit devant tout le monde : « Si vous quittez la brigade, vous baissez votre pantalon. »

Un autre commandant tente de nuancer les propos de cette dernière, mais le mal est fait. Jean-Marc se sent humilié. À cette même période, il s'emploie tant bien que mal à remplir son rôle de chef, il note les fonctionnaires de l'UR1, fait les entretiens en expliquant à certains pourquoi il enlève un point à leur note. Mais la hiérarchie ne le suit pas. La capitaine Noémie G. dit que ce n'est pas possible, qu'il aurait dû les prévenir… Mensonge grossier, il se sent littéralement désavoué.

Il continue néanmoins le travail et commence à rédiger un brouillon de rapport. En effet, il se résout à accepter la demande hiérarchique, pour finalement se rétracter. Il ne le transmet pas, craignant toujours que sa vie professionnelle soit encore plus compliquée qu'elle l'est déjà.

Après l'humiliation hiérarchique en réunion, Jean-Marc demande une audience auprès du DDSP, M. Ulysse B., pour lui expliquer la situation. Il lui répète que celle-ci a un impact sur sa santé et sa famille. Le directeur l'écoute et l'affecte au GAJ plainte. La commissaire Brigitte N.-C. et la capitaine Noémie G. manifestent leur mécontentement et demandent à Jean-Marc de se justifier en aparté à la suite d'une réunion de l'UR1.

Entre-temps, le brigadier-chef Robert I., adjoint à l'UR3, a quitté la voie publique et est affecté aux plaintes. Ils se retrouvent tous les deux dans le même service.

« T'as pas de figure de venir ici », lui lance ce dernier en salle de repos devant tout le monde.

Puis il ferme le bureau à clé de telle manière que Jean-Marc ne puisse pas accéder aux ordinateurs en son absence ou à son courrier professionnel. Il doit donc exercer ses missions de prise de plainte ou de main courante sans poste de travail, sans ordinateur spécifique, et jongler avec les absences des autres et les bureaux fermés pour tenter malgré tout de remplir sa tâche.

Certains effectifs des plaintes choisissent les plaintes les moins longues… Ils gèrent le temps. Doucement le matin, pas trop vite le soir. Le logiciel d'accueil, accessible des bureaux des plaintes, permet de consulter et de prendre connaissance du motif pour lequel les plaignants se présentent au commissariat. La possibilité pour certains de faire leur tri! Un matin, la capitaine Noémie G. convoque l'ensemble du service des plaintes et fait remarquer que sur une journée durant laquelle Jean-Marc a eu accès à un poste de travail, il a reçu une dizaine de plaignants, cette dernière relevant que certains traînent des pieds et prennent tout leur temps. Jean-Marc a le sentiment qu'elle se sert du moindre événement pour le mettre en difficulté et fédérer les autres contre lui.

En effet, la stratégie fonctionne encore et renforce même les mauvaises interactions avec les autres policiers. Au quotidien, Jean-Marc est toujours mis à l'écart. Quand il arrive pour déjeuner en salle de repos, les gens se lèvent et partent... Il est seul.

Entre-temps, alors qu'elle vantait sa rapidité et son efficacité lors de la réunion avec les autres, la capitaine lui met la pression. Lui qui était si performant ne semble plus l'être, tout au contraire. Elle lui impose quinze minutes pour une main courante et trente minutes pour une plainte. S'il dépasse, il doit convoquer ultérieurement les plaignants pour ne pas faire attendre les autres. Le tout sans formation pour prendre les plaintes. Chaque jour, il a droit à la même rengaine : « Vous n'êtes pas rentable », « C'est peut-être vous le problème », « Vous ne servez à rien », « Posez-vous les bonnes questions », etc.

Jean-Marc continue à faire des demandes pour partir, notamment aux renseignements territoriaux, bureaux situés à la préfecture, afin de quitter ce nid de vipères. En attendant, il reste debout dans un couloir avec son couvercle de boîte à papier d'imprimante faisant office de bureau improvisé. Cela dure quatre mois, jusqu'à l'inévitable et tristement prévisible : le 6 mars 2015, il fait un malaise et s'écroule. Pris en charge par des collègues, au sol dans les vestiaires, il refuse d'être transporté par les pompiers et demande à sa femme de venir le récupérer. La hiérarchie ne se manifeste pas, ni pendant le malaise ni après.

Après examen, le médecin diagnostique une somatisation de la maladie de Ménière : il a les symptômes d'un homme en état d'ébriété sans avoir consommé d'alcool, avec perte d'équilibre, vertiges, nausées… Le médecin précise que cette affection est psychosomatique et lui conseille vivement de prendre de la distance par rapport à son activité professionnelle avant que la maladie s'installe. En effet, elle peut provoquer des symptômes dépressifs graves. Il est placé en arrêt maladie jusqu'au 5 septembre 2016.

Pendant ce temps, il reçoit la médaille d'honneur de la Police nationale, marquant ses vingt ans de carrière, par la poste…

Sa notation de 2014 est abaissée pour la première fois dans un même grade. Sur celle de 2015, la capitaine écrit : *De bonne présentation et volontaire, le brigadier-chef Cantais doit trouver un juste équilibre entre nécessité de bien recevoir et temps d'attente des victimes, équilibre difficile mais indispensable. Il doit encore faire sa place au sein du groupe des plaintes pour ne pas rester à l'écart.* Jean-Marc fait preuve de trop d'empathie, prend trop de temps pour bien recevoir les victimes et les plaignants. Seuls les chiffres de temps d'attente font foi pour la rentabilité, le reste n'est pas évalué.

Au cours de son arrêt, la capitaine Noémie G. le contrôle à deux reprises à son domicile, toujours à cinq minutes de la fin de l'autorisation de sortie…

Le 24 août 2016, il envoie un premier courrier à Mme Claudine Q., la nouvelle DDSP 64, et un second, en recommandé, à M. Bernard D., le nouveau chef de service. Dans ces courriers, il évoque l'ensemble des dysfonctionnements rencontrés, les injures, les menaces et les humiliations de la capitaine Noémie G., insiste sur son souhait de reprendre du service dans de bonnes conditions en faisant des demandes d'audience. Aucune réponse.

Le 7 septembre 2016, le médecin préventif émet un « avis favorable à la reprise d'activité avec nécessité d'un changement d'affectation : ne plus travailler au commissariat de Pau ». Cet avis n'est pas suivi par la hiérarchie et Jean-Marc est reconduit aux plaintes le 1er octobre 2016. Le service a été réorganisé entre-temps et rattaché aux services de la SD, sous l'autorité de Mme Brigitte N.-C., promue à ce poste, et dans lequel sont regroupés les différents services d'enquête. Toujours sans poste de travail, il ne se sent pas à l'aise.

Le lendemain de sa reprise, après un congé longue maladie, il subit les manifestations agressives de sa supérieure, voie de fait signalée par rapport (toujours aucune suite donnée)… Son état de santé se dégrade immédiatement et il est à nouveau contraint d'être arrêté par un médecin.

Le 15 novembre 2016, Jean-Marc reçoit un courrier de la préfète pour la Défense et la Sécurité, Martine G., qui mentionne en gras l'avis du médecin : *Il est préconisé une reprise dans un service différent et éloigné de l'ancien afin d'éviter tout risque de rechute et permettre une reprise dans les meilleures conditions.*

Il est donc affecté au service des fourrières, même endroit, même étage et toujours sans bureau. Il passe dix mois dans ce service. Son collègue lui prête son poste de temps à autre. Ils sont quatre pour deux ordinateurs à son arrivée, puis trois après un départ à la retraite.

Pour exercer ses missions, il est obligé d'aller chercher les registres au poste de police et, donc, de croiser les effectifs des unités de roulement, un fonctionnaire en particulier de l'UR1 qui cherche toujours à atteindre Jean-Marc avec des propos humiliants. Les brimades et humiliations se poursuivent quotidiennement.

Le 12 décembre 2016, Jean-Marc participe aux championnats du monde masters de judo en Floride. À son retour, le commissaire Bernard D., qui n'est pas son chef de service au moment de son séjour, lui demande un rapport d'explication : tout départ à l'étranger pour un policier nécessite une demande par écrit à sa hiérarchie. Or, Jean-Marc n'en est pas à son coup d'essai. Il a plusieurs fois voyagé sans jamais avoir été informé de cette règle et sans jamais faire de rapport. Le commissaire Bernard D. va jusqu'à demander des vérifications dans son passé CRS, soit plus de vingt ans en arrière, pour s'en assurer. Chou blanc. Jean-Marc ne ment pas.

Ce qu'il veut, c'est qu'on l'oublie et ne plus avoir de confrontations désagréables. Il cherche à se faire le plus discret possible. Loin de se départir, il prend des initiatives, notamment celle de mettre le nez dans les « dossiers » des deux-roues stockés au commissariat : 250 vélos, scooters, motos, volés ou saisis… Il reprend toutes les procédures. Un vrai travail d'investigation afin de les restituer à leurs propriétaires. Le genre de mission que personne ne veut faire : OPJ devient « organisateur du parking judiciaire ».

En plus de la pression largement suffisante s'ajoutent des pressions physiques. À l'occasion d'une discussion dans la cour du commissariat avec un collègue, revoilà François-Thomas G. qui se glisse entre eux et lui donne un coup de coude au niveau du ventre. Jean-Marc ne réagit pas, il considère que François-Thomas G. agit par provocation. Il fait le choix à ce moment de ne pas répondre à cette bassesse.

Mieux, il s'accroche et tente de s'ouvrir à de nouvelles perspectives : il reprend ses études en Staps à l'université de Pau dans la filière de la préparation physique.

Il souhaite se présenter au concours d'officier de police. Sa montée en compétences universitaires, notamment sur la qualité de rédaction des écrits ou les restitutions à l'oral, lui permet d'envisager avec sérénité le concours d'officier par la validation des acquis professionnels (VAP).

Malgré les difficultés, l'évolution de Jean-Marc est en marche. À tel point que le commissaire Bernard D., le 31 juillet 2017, le reçoit dans son bureau avec le commandant C., responsable des services spécialisés comme la CSI, la brigade cynophile ou encore la brigade motocycliste. Le commissaire Bernard D. ne tarit pas d'éloges. Jean-Marc exprime sa gratitude ainsi que sa déception concernant sa situation au sein du commissariat et réexplique qu'il n'est pas en adéquation avec les pratiques de certains policiers. Il émet le souhait de partir pour un cadre de travail propice, comme la CRS. Mais le commissaire insiste, il veut garder le potentiel de Jean-Marc dans son service.

Jean-Marc promet d'y réfléchir et de se positionner rapidement. Mais dans sa tête, c'est tout vu. C'est la sortie du placard. Un espoir de résurrection. Le commissaire Bernard D. est ravi de leur échange et découvre un homme, certes meurtri, mais volontaire et déterminé à effectuer un travail de qualité.

Jean-Marc est affecté à la CSI en septembre 2017 : retour sur la voie publique. La CSI est composée de deux brigades. Jean-Marc se retrouve adjoint au chef de la CSI2, sous les ordres du major Tanguy G., syndicaliste à la Fédération professionnelle indépendante de la police (FPIP) – connue par les anciens pour être composée d'un grand nombre de sympathisants d'extrême droite –, chef du groupe et de toute la CSI. Tout se passe bien au début, l'accueil est bon. Il s'agit d'un service avec des missions identiques à celles de la BAC, à la différence que les effectifs sont en uniforme et non en civil. Le niveau d'habilitation est également identique et permet des interventions dangereuses, sur tueurs de masse, braquages de banque, cambriolages… La CSI est un peu comme un groupe à part, une bonne équipe, ayant prêté allégeance à son chef et qui n'a soi-disant que faire des galères précédentes de Jean-Marc à l'UR1. Ses nouveaux camarades semblent conciliants et se montrent à son écoute. Jean-Marc apprendra plus tard, par un rapport du major Tanguy G., que la hiérarchie l'a affecté dans ce groupe pour le tester et le surveiller… En réalité, ils ne lui font pas confiance et se méfient d'un homme capable de dénoncer des pratiques illégales. Malgré tout, Jean-Marc savoure son retour en uniforme sur la voie publique et apprécie certaines missions (déclenchement d'alarme sous contrainte dans une banque, vol en action, personne porteuse d'arme…).

Il retrouve confiance. Plusieurs missions de protection rapprochée lui sont confiées, comme celle d'Édouard Philippe ou encore de Laura Flessel, alors ministre des Sports. Dans son unité, ils sont deux à pratiquer des sports de combat et à posséder ainsi certaines des qualités requises dans ce genre de mission. Le major Tanguy G. est souvent détaché à titre syndical et Jean-Marc se retrouve fréquemment chef des deux unités composant la CSI. Tout se passe bien. Le commissaire Bernard D. le constate de ses propres yeux. Il est présent et mis en responsabilité sur des dispositifs de sécurité importants, comme celui de la ministre des Armées venue au marché de Noël en pleine période d'attentats.

Pourtant, il constate à nouveau des dysfonctionnements au sein du service, notamment la falsification de données avant qu'elles soient saisies sur GEO.NET, logiciel qui comptabilise le temps de travail et les heures supplémentaires. Ce qui signifie du vol d'heures non effectuées.

Le tableau de bord d'activité avec la CSI1 fonctionne bien. Les policiers y renseignent ce qu'ils font avec précision.

La CSI2 ne le fait pas avec la même véracité. Ils attendent la fin du mois pour rédiger des faux, justifiant probablement ce vol d'heures à la hiérarchie par le mensonge. Dans la police, l'accumulation de ces heures supplémentaires permet l'obtention de jours de repos. Le décompte des heures supplémentaires est un levier de management pour des gratifications, récompenser l'investissement ou réussir à fédérer un groupe. C'est une pratique courante du service.

Il se retrouve face à une pratique déjà en place qui l'amène donc à signer des faux, ce qu'il refuse, en signalant pourquoi. Ils sont finalement validés par la hiérarchie en toute connaissance de cause. Ce manège durant apparemment depuis très longtemps, mettre le doigt sur de tels agissements pourrait déranger ceux qui le pratiquent et ceux qui ne veulent pas voir.

Le 14 janvier 2018, Jean-Marc en réfère au commandant C., chef de son service. Ce dernier lui demande « d'arrêter de faire des vagues et de rester à sa place ».

Christophe Castaner, ministre de l'Intérieur, annoncera le 17 octobre 2019, sous la pression des syndicats de police, la mise en paiement des heures supplémentaires pour les policiers avec un budget spécifique estimé à 50 millions d'euros.

Pour Jean-Marc, c'en est fini de la naïveté. Il se méfie et commence à ouvrir les yeux sur les pratiques en intervention de certains de ses collègues.

Un jour, son équipage est sollicité à la suite d'un appel au 17. Intervention requise pour monsieur N., alcoolisé dans un immeuble, provoquant de fortes nuisances sonores. Socialement déjà vulnérable puisque sans domicile fixe. La procédure est la suivante : transport à l'hôpital pour obtenir un bulletin médical autorisant à le mettre en dégrisement. Le transport est difficile, monsieur N., à l'arrière, crache sur l'un des effectifs, le gardien de la paix Émilien D. En réponse, ce dernier le frappe violemment à coups de gifles, avec son bras et l'avant-bras. Il porte ses gants, sachant que cela permet de ne pas laisser de traces. Jean-Marc est contraint de faire stopper le véhicule sur une voie de circulation pour que le fonctionnaire cesse ses violences. Il en parle à ses collègues, qui disent que ce n'est pas la première fois que ça arrive avec ce fonctionnaire. Il va donc le trouver dans la salle de sport quelques jours après. Celui-ci fait l'innocent, pour lui, c'est normal. Jean-Marc en réfère au major Tanguy G., un signalement de plus qui restera sans suite.

Quelques jours plus tard, nouvel appel au 17, vol avec effraction en cours par deux mineurs : une intervention de la BAC, qui demande du renfort. La CSI arrive sur place. Les effectifs de la BAC entrent dans le pavillon. Le gardien de la paix Kevin E. et Jean-Marc arrivent à la hauteur du pavillon. Kevin E. voit un des individus, s'annonce et se lance à la poursuite du suspect. Jean-Marc est sur le côté du pavillon mais n'arrive pas à entrer à cause de la clôture et de la végétation. Alors il rebrousse chemin et entre par la porte principale, en bord de rue. L'un des policiers derrière la maison interpelle un des deux jeunes et lui met une rouste. Jean-Marc arrive à ce moment-là, cherche le second pendant une quinzaine de minutes dans la maison. Il y a trois équipages devant la maison, la BAC, la CSI et une police secours. Tous se demandent où est passé le fuyard. Situé à cinq mètres de la porte d'entrée, dans la cour, le major Tanguy G. est devant Jean-Marc quand il voit l'individu en boule caché dans les thuyas qui bordent la clôture de la propriété. Le major Tanguy G. l'attrape par la capuche, le tire et le traîne au sol sur plusieurs mètres. Pendant ce temps, le fonctionnaire de la BAC le frappe au niveau du bassin à coups de pied. Le major Tanguy G. lui porte ensuite plusieurs coups au visage, se relève et demande : « À qui le tour ? Je vous le laisse. »

Kevin E. y va. Jean-Marc le voit lever la main mais détourne le regard. À ce moment, il croise celui de l'autre jeune dans la voiture, horrifié, regardant son copain se faire tabasser. Jean-Marc se sent impuissant, tétanisé. Cette image le hante encore. Il n'a pas la solution, ressent comme de la honte, celle de ne pas être intervenu pour faire cesser ces violences illégitimes sur un mineur, mais quel policier est-il ? Le major Tanguy G. est son supérieur hiérarchique et, manifestement, tous les fonctionnaires présents trouvent cette « ratonnade » normale. À la fin de son service, Jean-Marc demande au major de rendre compte de l'intervention à la hiérarchie, mais il ne le fait pas. Il l'ignore une fois de plus. Tout le monde ira dans son sens. Il se moque de la parole de cet adjoint dérangeant. Après tout, il autorise la pratique des dépassements d'horaires pour ses effectifs, fait du covoiturage avec eux ou n'hésite pas à aller négocier le prix d'achat d'une voiture en service et en uniforme chez un concessionnaire…

En janvier 2018, altercation avec Kevin E. Le major Tanguy G. est absent une partie de la période de Noël. À son retour, il demande comment ça s'est passé. Jean-Marc lui parle des retards, du fait qu'ils ne veulent pas prendre leur matériel (équipement lourd) par fainéantise, etc. Le lendemain, toute l'équipe est de service pour une manifestation en point fixe à la préfecture de Pau. La capitaine Noémie G. est présente. Alors que Jean-Marc attend dans le véhicule, porte ouverte, le major Tanguy G. et Kevin E. viennent à côté de lui. Le major rapporte à ce dernier les propos que Jean-Marc a tenus sur son comportement, Kevin E. nie. Jean-Marc sort du véhicule et s'approche, se met devant lui et lui demande de répéter ce qu'il a dit. La capitaine Noémie G. intervient, les éloigne, puis les convoque dans son bureau afin de les admonester pour leur comportement inapproprié dans ce lieu.

Jean-Marc ne fait plus partie du groupe. Il lui arrive de se retrouver seul pour manger, seul dans les interventions. Ils se méfient de ce chef qui n'entre pas dans le moule de la complaisance avec les pratiques violentes de la meute. Et le groupe le lui fait bien sentir. Comme ce jour où il manque se faire percuter par une voiture roulant à vive allure en centre-ville. Ses collègues, Kevin E. et Émilien D., censés être en protection, le laissent une fois de plus seul et, pire, ils ne le préviennent pas de l'arrivée du bolide. La tension, déjà pesante, monte jusqu'au moment où l'inévitable finit par se produire.

Vers la fin du mois, après un service d'ordre sur une manifestation contre le passage aux 80 kilomètres-heure, sans pause ils enchaînent avec une manifestation contre le capitalisme. Étant normalement de vacation l'après-midi, ils sont « décalés » sur la journée. Lors du deuxième service d'ordre, il n'y a personne. Aucun manifestant turbulent. La capitaine Noémie G. décide de lever le dispositif. Ils partent se restaurer puis retournent patrouiller vers 15 heures. Vers 17 heures, Émilien D. veut rentrer car il ne faudrait pas être en retard pour la fin de service. Jean-Marc lui fait remarquer que ce n'est pas encore le moment, la fin de service est à 18 heures et lui demande de continuer la patrouille. Émilien D., faisant preuve de mauvaise volonté, demande à aller aux toilettes. Jean-Marc lui répond qu'ils vont l'attendre devant le commissariat. Finalement, Émilien D. change d'avis et dit qu'il veut un café. Jean-Marc lui répète que ce n'est pas un problème et qu'ils l'attendent pour repartir. Voyant qu'il n'obtiendrait pas ce qu'il souhaite, Émilien D. laisse tomber et ils repartent en patrouille. Quand, sur les ondes, un cambriolage est déclaré en cours. La victime est au téléphone et a toujours en visuel les jeunes en action. Ils filent et retrouvent un autre gardien de la paix auquel Jean-Marc a déjà eu affaire : François-Thomas G.

VIOLENCES ILLÉGITIMES SUR MINEURS

François-Thomas G. est très copain avec Kévin E., ils étaient dans la même CRS avant d'arriver à Pau. François-Thomas G., avec un autre policier, tente d'interpeller un jeune fuyard correspondant au signalement donné, mais François-Thomas G. chute et permet l'évasion de l'adolescent. L'équipage de Jean-Marc prend le relais de la poursuite du jeune homme, qui n'a nullement l'intention de s'arrêter. Émilien D. se tient prêt à bondir à l'arrière gauche du véhicule. Le véhicule de service de François-Thomas G. les dépasse à vive allure, à contresens de la circulation, et se positionne pour barrer la course du présumé auteur des faits. Paniqué, celui-ci traverse la route et se retrouve sur son côté droit. Jean-Marc se lance à sa poursuite et finit par le rattraper. Il s'immobilise, lève les mains et obéit aux injonctions de Jean-Marc, qui l'empoigne, le conduit au sol, l'immobilise pour saisir son bras et lui passer les menottes afin qu'il ne tente pas encore de prendre la fuite. Jean-Marc est presque accroupi mais ne pose pas de genou à terre. Le sol est boueux. À ce moment précis, Jean-Marc prend un « raffut » de rugbyman par-derrière et, déséquilibré, il se retrouve lui aussi face au sol. C'est François-Thomas G. qui leur donne des coups de poing, au jeune et à lui ! Jean-Marc se relève d'un bond en le saisissant par le col. À ce moment, Jean-Marc est sidéré de constater que la menace et l'agression dont il vient d'être victime sont causées par un de ses pairs ! François-Thomas G. continue de lui donner des coups, comme les petits coups provocateurs dans le menton quand une mêlée est relevée à l'occasion d'un match de rugby. Entre-temps, ses collègues de l'unité de roulement arrivent et leur demandent de se séparer. Jean-Marc remarque alors qu'Émilien D. a menotté le mis en cause. Il le prend en charge et l'accompagne au véhicule pour le ramener au commissariat.

De retour dans le service, personne ne parle de rien. Jean-Marc va voir la capitaine Noémie G. et dénonce les violences commises sur le jeune et sur sa personne. Après entretien avec Mme Claudine Q., la DDSP des Pyrénées-Atlantiques, la capitaine Noémie G. demande à Jean-Marc de ne pas faire mention des violences dans la procédure judiciaire mais de faire un rapport administratif pour raconter les événements en interne. Un rapport est également demandé aux effectifs présents sur place, qui font des copier-coller entre eux afin de présenter la même version des faits. À la suite des violences qu'il a subies, Jean-Marc saigne à l'intérieur de la bouche. Il signale ses blessures, mais la capitaine Noémie G. lui répond d'aller consulter à l'extérieur si ça ne va pas. Résultat : six jours d'invalidité temporaire de travail (ITT). Il n'y aura aucune réquisition au médecin pour lui ni envoi à l'unité médico-judiciaire, contrairement aux autres policiers.

Jean-Marc continue à travailler, fait le choix de ne pas s'arrêter, craignant que la hiérarchie utilise cet énième prétexte contre lui.

Le 31 janvier 2018, il est convoqué par le commissaire Bernard D., qui l'informe de l'ouverture d'une enquête interne censée être diligentée par le commandant Mathieu E., de la SD (service d'enquête), à des fins de neutralité. Une note de service officialise la relève des fonctions de Jean-Marc à la CSI « dans l'intérêt du service », il est provisoirement affecté à la fourrière, à nouveau avec une seule chaise en guise de poste de travail, et le seul fonctionnaire à être déplacé. À l'occasion de ce furtif entretien, M. Bernard D. lui conseille de garder ses distances avec François-Thomas G., qui, lui, ne bouge pas de son unité.

LE PLACARD

Quelques jours plus tard, début février 2018, Jean-Marc est dans son « bureau » des fourrières, genre de placard aménagé si exigu que l'on peut à peine y circuler, assis sur sa chaise marquée de l'inscription « MP » pour « Monsieur Provisoire ». Une façon pour lui de tourner en dérision sa situation. Même sa chaise est provisoire, car il doit la prêter aux personnes reçues dans le bureau. François-Thomas G. se pointe, sous prétexte de « dire bonjour aux collègues ». Jean-Marc tente de sortir, conformément aux instructions du commissaire Bernard D. Mais François-Thomas G. lui bloque le passage, en le défiant du regard. Il cherche à le pousser à bout et ainsi à la faute. Jean-Marc baisse la tête, veut éviter la confrontation, car il connaît ses méthodes. Il le provoque, cherche le moindre prétexte pour en venir aux mains.

Le 1er mars 2018, l'enquête interne menée après les révélations de Jean-Marc est conclue par l'adjoint de la commissaire Brigitte N.-C. : *Les faits dénoncés par le brigadier-chef Cantais étaient corroborés par la personne interpellée contrairement aux autres fonctionnaires de police. De plus, les auditions des mineurs mettaient en évidence d'autres violences illégitimes par personne dépositaire de l'autorité publique. Le brigadier François-Thomas G. ainsi que d'autres fonctionnaires de police, à identifier, sont ainsi mis en cause pour violences illégitimes par personne dépositaire de l'autorité publique, faits de nature pénale.*

Enfin une bonne nouvelle. Serait-il réhabilité ? Pas du tout. Il ignore tout des conclusions de cette enquête transmises à Mme Claudine Q.

Il subit son affectation une seconde fois, s'accroche pour ne pas donner raison à ses détracteurs. Malgré tout, il est contraint d'arrêter le travail quelques semaines plus tard, souffrant depuis de longs mois d'une hanche, dont l'agression n'a fait qu'empirer l'inflammation. Il se fait opérer pour une pose de prothèse quelque temps après. Cette opération nécessite une convalescence importante, de six mois, avec un passage au Centre européen de rééducation des sportifs, à Capbreton.

L'ENQUÊTE DE L'IGPN

En septembre 2018, il rencontre à Decathlon un OPJ de service le jour des faits dénoncés, qui lui explique que la capitaine Noémie G. leur a demandé de « tout verrouiller ». Cela signifierait-il ne pas mentionner les violences dans la procédure judiciaire ? Une telle omission volontaire peut être qualifiée de « faux en écriture publique » et est théoriquement passible d'un renvoi devant la cour d'assises, car considéré par le Code pénal comme un crime.

Sur l'aspect pénal des révélations de Jean-Marc, c'est l'IGPN de Bordeaux qui est chargée des investigations, à la demande de Mme Cécile Gensac, la procureur de la République de Pau. En s'appuyant sur les mêmes éléments que l'enquête administrative, en refusant d'auditionner des témoins, l'IGPN retourne au procureur des conclusions biaisées, à l'inverse des conclusions initiales ! Au-delà de certains faux témoignages non vérifiés par l'IGPN, Jean-Marc constate dans la procédure une audition d'une policière, Shaun T., réalisée par son conjoint. Il a été accusé par la suite de violences volontaires contre cette dernière… La charge se retrouve sur les épaules de Jean-Marc. Le parquet poursuit Jean-Marc pour « dénonciations calomnieuses ». François-Thomas G. devient la victime. Jean-Marc n'a d'autre choix que de consacrer toute son énergie à se défendre afin de rétablir la vérité et sortir de cette cabale.

Pendant ce temps, aucune enquête judiciaire n'a lieu concernant les violences sur l'adolescent. C'est bien pratique pour cacher la débâcle morale de la hiérarchie du commissariat de Pau. L'IGPN, après de multiples auditions à sens unique, menées avec partialité, a permis à la meute de se lâcher. Aucun fait n'est démontré, seulement des interprétations de la vie privée de Jean-Marc ou des éléments médicaux farfelus. La capitaine Noémie G. ira même jusqu'à dire qu'il a évoqué une « maladie très grave des os », la maladie « des os de verre », affection génétique identifiée dès les premières années… Ou qu'il a un bon médecin, laissant entendre que ce dernier lui fait des arrêts maladie de complaisance. Chaque arrêt fait l'objet d'un contrôle par les services médicaux de l'administration, et en ce qui le concerne, ils ont toujours été validés et justifiés.

La DDSP 64, Mme Claudine Q., utilise cette perspective d'enquête à charge pour priver Jean-Marc de ses droits. À titre d'illustration, elle prive Jean-Marc d'une prime collective à deux reprises, justifiant ce refus par l'ouverture d'une enquête disciplinaire après les poursuites en cours contre lui. Or, il n'a aucune trace d'une procédure disciplinaire…

Le procureur de la République tente une manœuvre pour éviter un procès public : la comparution sur reconnaissance préalable de culpabilité (CRPC) est permise par la loi afin de désengorger les tribunaux. Si la personne mise en cause accepte de reconnaître les faits reprochés, elle bénéficie d'une atténuation de la sanction. Dans bien des cas, les procureurs s'en servent pour limiter le volume des audiences. Ici, il ne retient que les faits de « dénonciation calomnieuse ». Moins de risques de lourde condamnation pour le prévenu. Pourtant, ce dispositif est prévu par la loi uniquement lorsque celui-là partage avec les policiers des aveux circonstanciés durant l'enquête. Or, Jean-Marc nie avec force les accusations et confirme avoir été agressé. Il refuse donc la CRPC. Le parquet ajoute un ou deux chefs d'accusation supplémentaires. Il est désormais également poursuivi pour « dénonciations mensongères » et « violences volontaires » sur François-Thomas G. ainsi que sur Shaun T., la fonctionnaire auditionnée par son compagnon, et son procès est programmé au tribunal correctionnel. Choqué par cette décision, choqué par les nombreuses dépositions fallacieuses comme celles de la capitaine Noémie G., n'hésitant pas à déclarer avoir constaté sur Shaun T. « une sorte d'estafilade qui lui prenait l'avant-bras et qu'on voyait récente » qui justifierait les accusations de violences volontaires dont il serait l'auteur. Et alors même que le certificat du médecin réquisitionné ne mentionne aucune blessure correspondant à la description faite. Il commence à perdre du poids. Neuf kilos jusqu'au procès, en un mois. Il n'est plus que l'ombre du sportif qu'il était, prêt à intégrer un groupe d'élite de la Police nationale. Des pensées suicidaires l'assaillent. Il les chasse. Elles reviennent…

Jean-Marc est en troisième année universitaire. Il perd la foi en sa capacité à poursuivre ses études, jusqu'à un coup de fil d'un de ses enseignants, Frédéric N. Le professeur s'inquiète pour lui, car il sait qu'il traverse des moments difficiles. Il lui dit de ne pas lâcher, même s'il a conscience que Jean-Marc souffre. L'enseignant ne le sait pas, mais cet appel est l'un des actes qui l'empêcheront de basculer. Cette aide symbolique mais bienvenue lui permet de faire pencher sa balance intérieure vers la vie. Malgré tout, la question de ses enfants « Papa, tu vas aller en prison ? » résonne trop fort dans son cœur. Il n'arrive plus à supporter l'attente du procès et décide de se confier à un professionnel. Il va voir la psychologue de la police, qui découvre cette affaire. Personne ne semble lui avoir fait un signalement ou lui avoir parlé des difficultés de Jean-Marc. Il lui raconte tout. Pour elle, c'est simple : il est victime de harcèlement.

Afin de préparer l'audience devant le tribunal correctionnel, Jean-Marc s'attache les services de Me Sagardoytho. Il doit le payer de sa poche, car la préfète déléguée pour la Défense et la Sécurité lui adresse un courrier dans lequel il peut lire : *Dans cette affaire, l'avis circonstancié sur votre demande de protection fonctionnelle de l'État, sollicité par mes services auprès de votre hiérarchie, est défavorable et retient que vous avez dénoncé de façon calomnieuse l'un de vos collègues […] il en ressort […] qu'une faute personnelle détachable de l'exercice de vos fonctions est susceptible de vous être reprochée.* C'est donc sur le budget de la famille que les honoraires de l'avocat seront payés. C'est un des meilleurs pénalistes de la région, qui aura le courage de le défendre face à ses propres collègues.

LE PROCÈS DEVANT LE TRIBUNAL CORRECTIONNEL

Le procès se tient le 4 juillet 2019. Quand il arrive au tribunal, toute sa hiérarchie est présente aux côtés de François-Thomas G. La presse est aussi dans la salle, car l'audience est publique. Le commissaire Bernard D. est le seul à lui dire bonjour. Le commandant et la capitaine Noémie G. restent avec François-Thomas G., qui s'est constitué partie civile et qui bénéficie de la protection fonctionnelle pour ses frais d'avocat.

Appelé à la barre, Jean-Marc y reste de nombreuses heures, intenses. Il ne se sent pas en difficulté par rapport aux questions des juges, car il dit simplement la vérité. Il n'a pas besoin d'inventer ou de jouer la comédie. Il se défend et réplique directement à l'avocate de la partie civile, très virulente, à la limite de l'irrespect. Elle lui reproche de bien connaître le dossier et les différents témoignages collectés. Elle utilise, pour accréditer la version de l'administration, des interprétations sur ses arrêts maladie (les antagonistes de l'affaire mettant en avant dix ans d'arrêts maladie, information fausse dont il a fallu que Jean-Marc apporte la preuve). Sa plaidoirie n'est pas factuelle et vise le discrédit de Jean-Marc.

À la fin de sa plaidoirie, des applaudissements jaillissent de la salle. La présidente s'offusque, rappelle qu'ils sont dans un tribunal et non dans un cirque. Elle insiste pour savoir de qui proviennent les applaudissements. Le major Tanguy G. finit par se lever, habillé en tenue de service panachée (mi-civile, mi-professionnelle), pour se dénoncer. Un policier qui applaudit publiquement une avocate, on aura tout vu. La présidente du tribunal le fait sortir de la salle *manu militari*.

S'ensuivent les réquisitions du parquet, la vice-procureur utilise le même narratif que l'avocate du plaignant et tient des propos pour le moins étranges : elle ne veut plus voir Jean-Marc dans les rues de Pau, le traite de criminel. Elle ose même le qualificatif de « fou », malgré les éléments médicaux judiciaires demandés par le parquet qui reflètent le contraire. Jean-Marc le vit comme une violence gratuite inouïe. Son épouse et ses amis présents sont choqués par cette violence verbale. Comment un procureur de la République peut-il tenir de tels propos ? Tout repose sur une enquête IGPN partiale, uniquement à charge contre lui, et la représentante du ministère public utilise des arguments faux pour tenter de donner un sens à ce simulacre de procès. Elle emploie les mêmes méthodes que ses harceleurs, le décrédibilise, mais n'apporte aucune preuve à sa démonstration. Le traîner dans la boue semble être la seule stratégie proposée.

Il lui sera rapporté par la suite que cette vice-procureur vient, à l'occasion, au commissariat de Pau pour faire le point sur les dossiers en cours. Elle profite de sa visite pour échanger avec François-Thomas G. et boire le café avec lui.

Elle demande six mois de prison avec sursis, une interdiction d'exercer pendant trois ans avec une obligation de soins. L'ostracisation ultime dans la bouche de la représentante de l'État. L'humiliation est totale. Jean-Marc accuse le coup. Son épouse, présente dans la salle, hallucine, impuissante et choquée. Le procureur n'est-il pas garant de l'enquête ?

Puis c'est enfin le tour de l'avocat de la défense, Me Sagardoytho. À la fin de sa plaidoirie, il pose sa main sur l'épaule de Jean-Marc en disant haut et fort à quel point c'est un honneur de le représenter. Les larmes coulent sur le visage de Jean-Marc en repensant à cette confiance qui lui a été accordée par son conseil et dont il lui est infiniment reconnaissant. Après l'audience, dans l'attente du verdict, il a encore un sentiment de solitude face à la montagne de ceux qui représentent la loi, qui sont en train de le détruire. Il reste figé par cette situation qui le dépasse. Il ne parle plus. Sa femme s'inquiète à un tel point qu'elle va voir la psychologue de la police. Elle aussi a besoin de se faire accompagner dans cette épreuve. Passé la phase de sidération, Jean-Marc se met en position d'attente. Il pense qu'il va perdre son boulot, sa maison, sa femme aussi peut-être et que ses enfants le verront comme un criminel.

RELAXE

Le délibéré est rendu le 18 juillet 2019. Tout le monde revient au tribunal. Les propos outranciers de la vice-procureur et la pression policière à l'audience n'auront pas suffi à dissimuler l'évidence : le dossier monté à charge est vide. Jean-Marc est relaxé de tous les chefs d'accusation. François-Thomas G., qui avait demandé 5 000 euros de dommages et intérêts, est débouté. Le tribunal relève que « les services de police, à l'issue de l'enquête administrative, ont conclu à l'existence de violences illégitimes de la part des fonctionnaires de police et que c'est cet état de fait (et non les accusations qualifiées ensuite de "fallacieuses" de M. Cantais) qui déclenchera l'enquête confiée à l'IGPN ». De plus, « il convient de constater que dès réception de l'enquête administrative concluant à l'existence des violences policières et avant toute investigation, l'IGPN dressera un PV prenant immédiatement partie contre M. Cantais ». De même, M. Tanguy G., absent lors de l'interpellation mais entendu dans le cadre de l'enquête administrative puis par l'IGPN, qualifiera M. Cantais de « manipulateur » et de « menteur ». Émilien D. affirmera : « Bien que je ne sois pas docteur en médecine ou en psychiatrie, M. Cantais doit avoir un sérieux problème » ou « Je pense que Cantais doit avoir un souci ». Quand l'expert psychiatre indiquera percevoir « une authenticité dans la réponse du sujet quant à son ressenti et à ses perceptions », la preuve de l'inexactitude des faits révélés n'est pas apportée et il convient d'entrer en voie de relaxe à son encontre. Jean-Marc n'y croit pas, sa femme non plus. Il s'est préparé à être condamné par la justice comme il l'a été par la police. François-Thomas G. s'échappe très rapidement du tribunal. D'après certains policiers soutenant son agresseur, Jean-Marc a gagné car il a un très bon avocat, probablement le meilleur à Pau. Mauvaise foi, quand tu nous tiens…

Mme Gensac, procureur de la République, annonce le jour même dans la presse : « Une nouvelle analyse du dossier devait engendrer une condamnation pour les faits visés. Il est indispensable de faire réexaminer la situation par une juridiction supérieure au nom de l'intérêt général. La connaissance du milieu local aura fini de forger ma conviction sur l'opportunité de cet appel[6]. » L'affaire concernant deux policiers, cette hypothèse ne tient pas. L'intérêt général ne serait-il pas de protéger les citoyens, qui plus est des mineurs, et d'engager des poursuites contre les vrais auteurs ?

Encore une fois, le narratif employé ne sert qu'à dissimuler l'acharnement collectif à étouffer la vérité. En effet, le procureur de la République aurait pu s'interroger sur certains agissements de François-Thomas G. : il a été, à l'époque, mis en cause dans deux procédures pour des faits de violences illégitimes, requalifiées chaque fois, par le procureur, représentant de l'État, en « dénonciations calomnieuses », dont il serait une fois de plus victime… Un comble. Avec la bénédiction du procureur.

Afin de lui permettre de surmonter sa « victimisation », François-Thomas G. est envoyé en formation OPJ. Ainsi, il pourra directement enquêter et rendre compte au procureur.

François-Thomas G. poursuit donc ses facéties dans tout le commissariat. Après une aventure extraconjugale avec une collègue, il n'hésite pas à tenir des propos humiliants, dégradants, devant son époux, lui-même policier, et ce en

6. *Le Monde*, 11 janvier 2021.

public, dans la cour du commissariat : « Elle en redemandait quand je la sodomisais avec son cul en bombe, ce n'est pas moi qui la forçais et quand je me vidais dans sa bouche en gorge profonde, elle aimait ça et avalait. »

Il va jusqu'à menacer son mari sur son répondeur.

Un soir, le commissaire Bernard D. informe ce policier qu'ils n'ont pas de nouvelles de François-Thomas G. : « Il est susceptible d'avoir son arme. Vu le contentieux existant, s'il se présente à votre domicile, évitez tout contact, appelez le 17. »

La panique est totale chez les époux. Le stress intense redescend quand il est retrouvé plus tard dans la soirée. Comment peut-on laisser quelqu'un considéré comme dangereux par sa propre hiérarchie sévir en toute impunité ?

Au cours d'un échange au sein du commissariat avec un fonctionnaire de police, Mme Claudine Q. décrit François-Thomas G. comme un provocateur et ajoute : « Dans l'histoire avec Cantais, j'ai protégé François-Thomas G. comme je l'ai fait dans différentes autres affaires. »

Au moins, c'est dit... Il est protégé en haut lieu.

François-Thomas G. obtient tout de même un blâme, l'empêchant théoriquement d'être promu au grade de brigadier. Mais la signature de la notification de cette sanction intervient quelques jours seulement après sa promotion au grade supérieur afin que sa progression de carrière puisse se dérouler normalement, malgré la sanction...

Le major Tanguy G. est promu au grade de major Rulp. Mme Claudine Q. a été décorée de la Légion d'honneur. Le commissaire Bernard D., chef de la SD, la commissaire

Brigitte N.-C., directrice adjointe et la capitaine Noémie G. exercent toujours à Pau, cette dernière est dans l'attente d'une promotion. Ainsi, comment remettre en cause des personnes promues ou décorées par le ministre de l'Intérieur lui-même ?

DEUX POIDS, DEUX MESURES

Dans la nuit du 19 au 20 octobre 2019, deux fonctionnaires de la police municipale de Pau interpellent un mineur de 16 ans pour tapage nocturne. Amené au service, le jeune est menotté sur le banc et reçoit une série de coups de deux policiers nationaux, présents au poste. La scène est filmée par une caméra piéton du policier municipal resté sur place. Quinze jours d'immobilisation, double perforation du tympan et de multiples lésions. Le jeune porte plainte pour violences. Ne pouvant faire autrement face à l'accablante vidéo, les deux fonctionnaires passent en comparution immédiate, le 27 octobre, et sont condamnés à quinze mois de prison avec sursis et 3 000 euros d'amende. L'enquête administrative qui suivra la procédure judiciaire conduira le bienveillant conseil de discipline à trancher pour trois mois de suspension, entraînant *de facto* une perte de salaire. Jean-Marc a pu constater que l'un des policiers condamnés avait auditionné les mineurs lors de son agression. Quelques jours plus tard, Éric E., détaché permanent du syndicat Alliance, envoie un e-mail de « collecte de soutien pour les deux fonctionnaires » afin de les aider à traverser cette période difficile en faisant un don au bureau d'ordre et d'emploi (BOE) ou directement à leur chef de brigade. C'est également lui qui a accompagné François-Thomas G. à l'occasion de la confrontation contre Jean-Marc et lors de son audition administrative à l'IGPN. C'est lui qui a conseillé à Jean-Marc de ne pas écrire son rapport concernant les dysfonctionnements de l'UR1…

Nous avons donc des sanctions judiciaires et administratives prononcées à l'encontre de deux fonctionnaires du service et une levée de fonds pour atténuer leur situation. *Quid* de la hiérarchie ? Quel message est envoyé dans une situation de violences avérées ? Quelle crédibilité reste-t-il quand les auteurs sont protégés par tous les moyens ?

MUTATION SANCTION À LOURDES

Pendant ce temps-là, Jean-Marc reçoit en atténuation de sa situation une mutation dans l'intérêt du service, sanction déguisée, car contre son gré. Début janvier 2019, le médecin inspecteur régional à Bordeaux donne un verdict sans appel, confirmé par le psychiatre devant lequel Jean-Marc est convoqué : il ne faut pas qu'il retourne dans son service à Pau. Il lui propose de le mettre en congé longue maladie[7]. La procédure médicale est validée par le secrétariat général pour l'administration du ministère de l'Intérieur (Sgami) de Bordeaux. Le congé maladie dure jusqu'au 23 mars 2020, date à laquelle Jean-Marc est muté à Lourdes. Il n'est fait mention d'aucune explication de cette mutation à caractère

7. Voir Annexe IV : « La médecine dans la police ».

dérogatoire dans son dossier individuel et personne ne lui expliquera pourquoi cette décision.

Interdit de voie publique sur décision de l'administration, donc désarmé, il est d'abord affecté à la brigade J2, dont la cheffe de brigade est très réglo. Tout se passe bien. Jean-Marc est missionné à l'accueil dans un premier temps. Puis la hiérarchie locale le change de brigade pour la J3 avec toujours les mêmes missions. Le manque d'effectifs se fait sentir pendant la période estivale (très dense à Lourdes), donc pendant six mois il reste chef de poste, responsable de l'armement de tout le commissariat, mais interdit d'arme, il faut se donner bonne conscience. Il demande logiquement à être réarmé. La première fois, il refuse de communiquer son dossier médical à l'administration, qui prolonge donc l'IVP de six mois. Il décide alors de repasser l'habilitation « port d'arme », qu'il obtient sans difficulté, et retourne sur la voie publique.

Affecté à la J3, il participe aux missions de police secours. Mais il est confronté à de nouvelles exactions dès les premiers jours. Dans un premier temps, il se plie aux us et coutumes, car il ne veut plus d'histoires. Il est l'adjoint du chef de brigade, Damien D. Occupant la fonction de chef de poste, il lui est demandé de remplir la main courante pour tous les équipages en suivant les instructions de la feuille journalière (instructions hiérarchiques). Cela ne lui semble pas en adéquation avec la réalité de l'activité des fonctionnaires. Jean-Marc ne dit rien. Le code « piscine », employé dans le langage de ses collègues, signifie « absence illégale ». Les effectifs de la brigade, à tour de rôle, ne viennent au travail qu'avant l'arrivée des officiers. Ils font ainsi croire que deux patrouilles sont actives sur la commune de Lourdes alors qu'en réalité un seul véhicule assure les missions jusqu'à une certaine heure. Ces prises de service retardées (décalées) sont un « cadeau ». La pratique est quotidienne. Jean-Marc tente de s'y opposer et réunit toute la brigade contre lui. En vain. Il ne va pas se battre ici, étant déjà dans l'attente de son jugement à Pau.

NOUVELLE RELAXE

Le 10 octobre 2020, arrive enfin l'audience devant la cour d'appel de Pau. François-Thomas G. ne se constitue pas partie civile. Période « Covid » oblige, seuls les convoqués peuvent assister aux débats, ainsi que la presse. Au tout début de l'audience, François-Thomas G. demande à être entendu librement, en tant que témoin, soutenu par le parquet, qui accepte sa présence. L'avocat de Jean-Marc s'y oppose fermement, il a eu sa chance de faire appel et ne l'a pas saisie. François-Thomas G. le provoque et déclenche une joute orale à laquelle la présidente de la cour met fin en demandant à François-Thomas G. de sortir. La cour se retire pour décider de l'opportunité de l'entendre ou non en tant que témoin. Après concertation, les magistrats acceptent. François-Thomas G. n'apporte pas de nouveaux éléments mais se défend des propos tenus contre lui en correctionnelle. Il en vient à parler des violences contre le jeune et se vante de l'absence de témoignages dans la procédure. L'avocat de la défense, Me Sagardoytho, demande que ce cinéma cesse et que la présidente lise l'audition du jeune qui dit avoir reçu des coups, notamment le passage relatant que François-Thomas G. est arrivé par-derrière, a percuté

Jean-Marc, que ce dernier a pris des coups, qu'il s'est relevé, a empoigné François-Thomas G. en lui disant qu'on n'interpellait pas de cette manière. François-Thomas G. ne doit pas avoir connaissance de cette audition, menée bien après les faits dans le cadre de l'enquête administrative par le commandant Mathieu E. et l'IGPN, qui figure dans la procédure. L'air hébété, il ne dit plus rien.

Jean-Marc est à nouveau interrogé. La présidente lui demande comment expliquer que les témoignages des effectifs vont dans le même sens que la hiérarchie. Jean-Marc démontre à la présidente que sa hiérarchie n'hésite pas à mentir, en citant au moins un exemple concret. Le procureur, quant à lui, raille Jean-Marc dans ses réquisitions publiques en le comparant à un « tartuffe de la déontologie policière », à un chevalier blanc ou à un justicier, le traite également de fainéant par des allégations non présentes dans la procédure. Il requiert quatre mois de prison avec sursis, une révocation de la police avec obligation de soins. Encore une fois, rien ne repose sur des faits. Les rumeurs sont agitées pour tenter de duper les magistrats du siège.

Un élément est révélateur de l'acharnement du procureur. Entre le procès au tribunal correctionnel et la cour d'appel, le parquet demande une autre sanction : la révocation pour une infraction de dénonciation calomnieuse alors qu'en procédure administrative les deux fonctionnaires de police condamnés à des violences sont sanctionnés par trois mois de suspension… Difficile de croire que porter la vérité est bien plus grave que de percer le tympan d'un mineur menotté à coups de gifles.

En attendant la décision de justice, Jean-Marc poursuit son travail au sein du commissariat de Lourdes. Après les vols d'heures par les policiers de sa brigade, il constate dans le fil d'échanges quotidiens du groupe WhatsApp de son unité que ses collègues sont irrespectueux envers les citoyens. Ils partagent des photos prises lors d'interventions pour se moquer d'eux, à leur insu. Par exemple, ils immortalisent une femme à la poitrine généreuse sur son balcon et se lâchent sur les commentaires déplacés : « Ça déborde », « Au moins elle n'est pas à poil comme d'habitude », « Attends, Thierry a les photos de face », propos agrémentés de smileys hilares.

Mieux, le 23 octobre 2020, lors de l'interpellation d'un homme, ce dernier est menotté et placé à l'arrière de la voiture de police, au sol, entre les sièges avant et arrière. Le chef de la brigade, Damien D., prend le cliché de ses fesses, visibles, car son pantalon est légèrement baissé. Une lampe est même placée entre les deux sièges avant, comme pour simuler un sextoy tendant à une position de soumission et d'humiliation. La photo d'un homme à moitié nu, menotté, humilié, devrait déclencher une réaction d'indignation de la part des policiers.

Jean-Marc est écœuré. Il garde le silence, attend le verdict. Il ne peut plus prendre le risque de se mettre en danger pour faire respecter la loi.

Le 19 décembre 2020, le verdict de la cour d'appel de Pau est rendu. Relaxe totale. Elle estime qu'il y a eu un « parti pris » évident contre Jean-Marc.

La décision est saluée par le conseil de Jean-Marc, Me Sagardoytho : « La cour déchire la copie et jette à la poubelle une enquête policière totalement pipeau destinée à couvrir une bavure, savamment entretenue par les témoignages mensongers de plusieurs policiers dont certains ont poussé le vice jusqu'à se présenter comme victimes d'un policier qui n'a fait que son devoir, dénoncer la vérité. »

Soulagement pour Jean-Marc et sa famille, de courte durée hélas. Il cesse le travail le 26 janvier 2021 et demande à consulter un psychiatre, qui conclut : dépression. Il a réussi à tenir jusque-là, mais c'est trop de poids sur ses épaules.

Il tente alors de faire valoir ses droits, pensant naïvement que la décision de relaxe du tribunal va entraîner sa réhabilitation au sein de la Police nationale.

LA DEMANDE DE RECONNAISSANCE D'IMPUTABILITÉ DE SON ÉTAT DE SANTÉ AU SERVICE ET DE PROTECTION FONCTIONNELLE

À la suite de l'agression dont il a fait l'objet en janvier 2018 entraînant six jours d'ITT, Jean-Marc signale par rapport le harcèlement moral subi et demande au Sgami une protection fonctionnelle[8], le 26 décembre 2018, qui lui est refusée. De plus il demande que son état de santé soit reconnu imputable au service.

Le 10 décembre 2019, soit un an après, une commission médicale se réunit, à laquelle M. Bernard D. est présent,

---

8. Ce dispositif est applicable à tout fonctionnaire qui a besoin de s'attacher les services d'un avocat dans le cadre de ses fonctions. Maurice Papon, ancien préfet de police, condamné pour complicité de crimes contre l'humanité, a bénéficié du dispositif. Tout comme Claude Guéant, ancien ministre de l'Intérieur et ancien secrétaire général de l'Élysée.

bafouant ainsi le respect du secret médical alors que Jean-Marc dénonçait le harcèlement moral, et que M. Bernard D. pourrait potentiellement être visé. Ce dernier n'hésite pas à voter contre lui. La commission rejette sa demande. Jean-Marc saisit le tribunal administratif de Pau pour demander l'annulation de la décision du Sgami et la reconnaissance de l'imputabilité de son état de santé au service.

Le 20 octobre 2021, lors de l'audience au tribunal administratif, le rapporteur public va dans le sens d'une reconnaissance de l'imputabilité, injonction à l'administration de lui accorder la protection fonctionnelle. Mais, deux mois après, le juge rejette cette demande et balaie le sens des conclusions du rapporteur public alors qu'il reconnaît dans sa décision que plusieurs affectations ont eu un effet défavorable sur sa santé. Depuis le 14 février 2022, un appel de ce jugement est en cours devant la cour administrative d'appel de Bordeaux.

LA DEMANDE DE CONGÉ POUR INVALIDITÉ TEMPORAIRE IMPUTABLE AU SERVICE

En avril 2021, Jean-Marc formule une demande de congé pour invalidité temporaire imputable au service[9] (Citis). N'ayant pas de réponse, il relance à plusieurs reprises les services de ressources humaines. En vain. Ce n'est qu'un an après, à la fin de la période de son congé de maladie ordinaire (CMO), qu'il demande au secrétaire général d'être placé en

9. *Idem.*

Citis provisoire. Pour accéder à cette demande, sa situation doit être évaluée par une commission médicale.

Celle-ci refuse et le place en disponibilité d'office pour raison de santé.

Jean-Marc sollicite alors par courrier le secrétaire général du Sgami, qui valide son congé provisoire en attendant qu'une commission de réforme statue définitivement. Jean-Marc bénéficie donc de son salaire durant cette période.

À l'occasion de cette commission, le médecin inspecteur zonal se moque ouvertement de lui : « Vous ne savez pas faire la différence entre une agression et une interpellation musclée ? » De quel droit un médecin refait le procès pourtant jugé par des magistrats et dans lesquels il a été complètement blanchi à deux reprises ? L'un de ses confrères enfonce même le clou en se moquant du stress post-traumatique de Jean-Marc et l'accuse d'être en arrêt sur les conseils de son avocate, enchérissant d'un « Vous n'avez quand même pas fait la guerre ».

Une déléguée du préfet, lors d'un entretien téléphonique, confie à Jean-Marc, avec une grande prudence, rappelant qu'elle est soumise à l'obligation de réserve, qu'elle s'est étonnée de certains propos tenus par le médecin lors de la dernière commission de réforme…

La dernière expertise médicale faite a lieu par téléphone. La fin de ses droits est actée depuis près de quatre mois. Jean-Marc formule alors le souhait de reprendre le travail.

C'est alors que le médecin pose une question étonnante :

« Avec tout ce passé judiciaire, vous avez la capacité d'absorber éventuellement des irrégularités, des situations d'injustice ? C'est quelque chose qui ne vous effraie pas, vous y allez sans appréhension ?

— Si vous me demandez de fermer les yeux sur des choses illégales ou sur des dysfonctionnements...

— Oui, répond le médecin sans le laisser finir.

— C'est non. C'est contraire à mes valeurs. Je ne vais pas laisser un policier frapper une personne menottée. C'est clair. Je l'ai dit à la justice. Je ne suis pas entré dans la police pour voir ce genre de comportements. »

Le médecin poursuit et après quelques minutes de discussion déclare : « Pour les six mois qui arrivent, je vais plutôt suggérer une mise en disponibilité d'office pour que vous puissiez reprendre. Après on peut aménager votre reprise mais à partir d'octobre. C'est plus dans ma logique. Congé longue maladie, on vous envoie un signal négatif comme quoi vous n'allez pas bien, on fait traîner ça sur une longue durée, j'ai envie de dire, vous l'avez déjà eu par le passé dans un contexte bien précis, et pour moi, ce n'est plus d'actualité. Il faut essayer de se projeter dans une reprise, oublier, en tout cas sortir grandi de ce qui s'est passé avant et ne pas regarder le côté négatif... OK, on n'a pas reconnu la maladie professionnelle ; eh bien, il faut que je vous remette au travail. Honnêtement, je ne vois pas de critères pour l'argumenter [le placement en congé longue maladie pour six mois], c'est-à-dire que le simple fait d'avoir un état, on va dire, dépressif, qui court toujours et qui n'est pas stabilisé, pour moi, ce n'est pas suffisant. Vous êtes plutôt sur une voie de guérison, et donc ça ne me semble pas logique d'argumenter vers un congé longue maladie. Si on part sur un congé longue maladie, vous risquez de retarder votre reprise. »

Peu importe si Jean-Marc explique que la difficulté financière de cette situation risque d'aggraver sa détresse, six mois de disponibilité d'office pour raison de santé avec seulement la moitié du salaire et la perte de ses primes constitue une perte de deux tiers de sa rémunération habituelle, c'est certainement un message plus positif qu'un congé longue maladie de six mois avec le maintien de son salaire intégral. C'est d'une logique implacable. Le signal positif attendra…

MISE EN DISPONIBILITÉ D'OFFICE

La commission de réforme finit par valider la mise en disponibilité d'office de manière rétroactive, au 26 janvier 2022. Jean-Marc doit rembourser le « trop indûment perçu » de salaire au gré des errances de l'administration, soit aux alentours de 10 000 euros, qui viennent s'ajouter à un rappel de 3 200 euros à la suite d'une erreur sur salaire en 2020. Non seulement il doit payer l'indûment perçu, mais se retrouver avec 1 000 euros par mois pour subvenir aux besoins de sa famille, sans compter les frais d'avocat engagés et en cours (25 000 euros)… Sa protection juridique a été résiliée pour cause de trop de sinistralité, sa mutuelle exclut sa prise en charge, la perte de salaire se fondant sur la décision de l'administration, exclusion de la prise en charge de son prêt habitation, etc. Et une promesse de voyage pour les 18 ans avec son fils ne pouvant être tenue…

Il avait pourtant fait des démarches pour anticiper cette situation en contactant les ressources humaines et Julie Q., la déléguée du préfet.

Chaque semaine, au minimum un e-mail, un appel ou une convocation lui rappellent ce combat inégal face à l'administration. Submergé par les démarches pour tenter de survivre face à la toute-puissance du « milieu » palois et des services de l'administration, comment peut-il se reconstruire sereinement ?

Pourtant, malgré les énormes souffrances causées par le harcèlement dont Jean-Marc fait l'objet, il ne lâche rien et continue à se battre. Il est résilient. Il obtient le statut de lanceur d'alerte en faisant lui-même les démarches auprès de la Maison des lanceurs d'alerte. Une plainte a été déposée auprès du procureur du tribunal judiciaire de Pau pour harcèlement moral contre plusieurs personnes visées dont la hiérarchie, dénonciations calomnieuses et violences volontaires par personne dépositaire de l'autorité publique (PDAP) sur PDAP. Malgré ses signalements, sa hiérarchie, jusqu'au directeur général de la Police nationale, a occulté l'obligation faite à l'article 40 du Code de procédure pénale : « Toute autorité constituée, tout officier public ou fonctionnaire qui, dans l'exercice de ses fonctions, acquiert la connaissance d'un crime ou d'un délit est tenu d'en donner avis sans délai au procureur de la République et de transmettre à ce magistrat tous les renseignements, procès-verbaux et actes qui y sont relatifs. » La loi, et l'esprit de la loi…

Stéphane Lemercier

« Deviens ce que tu es. »

Friedrich Nietzsche

Stéphane naît le 9 juillet 1972, à Rouen. Son père est chimiste et travaille dans un centre de recherche, sa mère reste au foyer jusqu'à ses 9 ans, puis prend un poste de surveillante dans un collège. Son père est de la vieille école, il interagit peu avec ses enfants. Sa mère est autoritaire et rigoureuse, quoique légèrement dépressive. Elle est en opposition permanente avec la sœur de Stéphane, plutôt rebelle, contrairement à lui, qui n'aime pas le conflit. Stéphane est dyslexique, l'école ne l'intéresse pas. Dès la fin de la troisième, on lui conseille d'intégrer une filière professionnelle et comme il aime les chiffres il choisit un BEP « Secrétariat-comptabilité ». Adolescent, il est souvent seul. Les autres se connaissent, aiment sortir, boire et fumer alors que ce n'est pas son cas. Et il ne cherche pas vraiment à s'intégrer.

Très vite, il tourne en rond. Au fond, ce qu'il veut c'est servir son pays. Il obtient son BEP et arrête ses études. Il voudrait entrer dans l'armée, mais sa mère a peur, elle préférerait qu'il fasse autre chose. Stéphane lui répond alors : « Ce sera policier ou gendarme. » En 1990, à l'âge de 18 ans, il passe le concours de gardien de la paix. Comme il doit faire son service militaire à ce moment-là, il devance l'appel en disant qu'il veut être policier auxiliaire. Il fait ses deux mois de classe à l'école de Fos-sur-Mer, fin 1991. À sa sortie, il est affecté à Argenteuil en police de proximité, et commence les patrouilles, sûr d'être à sa place. Il entre à l'école nationale de police (ENP) de Sancerre, qui est dans les locaux de la compagnie républicaine de sécurité (CRS). Elle comporte deux classes, quatre formateurs, un moniteur et un directeur. La scolarité se passe bien, même s'il ne cherche toujours pas à s'intégrer. C'est sa nature, plutôt solitaire, il visite les environs et fait du cheval sur ses temps libres.

PREMIÈRE AFFECTATION À ASNIÈRES-SUR-SEINE

Il choisit Asnières-sur-Seine, parce que c'est à côté de la gare Saint-Lazare et plus facile d'accès pour rentrer à Rouen le week-end. Il est affecté en brigade de nuit, ce qu'il apprécie : il y a moins de hiérarchie, moins de personnels présents et plus d'interventions. Pour la première fois de sa vie, il s'intègre bien.

Son rêve est de travailler « en civil », de faire des surveillances et des filatures, d'interpeller des criminels pris en flagrant délit... À l'époque, il ne faut pas passer de tests de sélection comme c'est le cas aujourd'hui. C'est alors réservé aux meilleurs gardiens de la paix. Il décide de tenter sa chance, postule et obtient un an après une mutation à la BAC d'Asnières.

Dans ce nouveau service, il se fait peur parfois car il n'aime pas les situations de tension et se sent moins à l'aise qu'en police secours. Une opportunité de renfort s'ouvre alors à Rouen. Se rapprocher de chez lui l'emporte et il demande sa mutation dans une brigade de jour pour faire de la police de proximité dans les quartiers. Hélas, très vite, il découvre que cela ne lui plaît pas : il y a trop de « vieux sous-brigadiers » qui attendent la retraite et cela se ressent dans l'activité du service. Un mois après son arrivée, il demande la brigade de nuit.

SA PASSION : L'HISTOIRE DE LA POLICE NATIONALE

L'histoire de la police le passionne. Après quelques recherches, il constate qu'il n'y a pas grand-chose d'écrit sur le sujet et découvre qu'un concours est organisé par l'Institut des hautes études de la sécurité intérieure (Ihesi), qui propose un sujet d'étude : le candidat retenu a un an pour écrire un mémoire. Stéphane réussit ce concours et choisit comme sujet « Victimes du devoir : les policiers tués en service », d'une part pour leur rendre hommage et d'autre part pour faire une étude statistique sur les causes, les circonstances de lieu et de temps du décès, afin de tenter d'identifier les risques professionnels pour mieux les prévenir. Il passe une journée de formation à l'Ihesi, où on lui fait comprendre que les accès aux archives sur les victimes du devoir sont sensibles et que les délais risquent d'être longs. En fait d'être longs, il n'obtiendra finalement pas de statistiques du ministère de l'Intérieur. Il mène donc ses recherches à partir d'une revue de presse portant sur les dix dernières années et les accidents ou décès de policiers relatés par les journaux. De même, il prend contact avec Frédérique Mezza Bellet, sociologue engagée par l'Orphelinat mutualiste qui lui donne la liste des orphelins de la Police nationale. Stéphane passe ses journées à la bibliothèque ou aux archives pour comprendre la cause de ces morts. Il part du postulat que les décès sont causés en intervention, par exemple lors de braquages qui tournent mal car ce sont les affaires les plus médiatisées. Mais, très vite, son étude l'emmène vers une conclusion radicalement différente : la cause de mortalité la plus courante est l'accident de la route, en allant sur des interventions ou sur le trajet domicile-travail. Il suggère donc de doter tous les policiers de gilets pare-balles individuels et de prévoir des stages de formation à la conduite rapide.

Lors de la remise des prix, toutes les études sont citées sauf la sienne. On lui fait alors comprendre que les conclusions sont tirées par les cheveux… En réalité c'est simplement qu'elles ne plaisent pas à l'administration car elles engendreraient des mises en œuvre coûteuses qui laisseraient penser qu'elle ne se donne pas les moyens de former et protéger au mieux ses policiers.

Cette année lui permet néanmoins de rencontrer d'autres policiers et des chercheurs. Il aime cette émulation intellectuelle et la recherche de solutions pérennes… Pour lui qui n'aimait pas l'école, c'est une révélation, il a envie de pousser plus avant ses études et son travail de recherche, mais comme il n'a pas le bac, il passe le diplôme d'accès aux études universitaires (DAEU). Il s'inscrit en Deug d'histoire à l'université de Caen, avec pour sujet la Seconde Guerre mondiale. Même s'il ne valide pas son diplôme, par désintérêt pour une partie des cours, il obtient des témoignages de retraités de la police. Cette « matière », à laquelle les historiens n'ont pas accès, dépasse largement le cadre de son mémoire. Son professeur, qui trouve son style d'écriture agréable, lui conseille d'écrire un livre afin de porter toutes ces informations à la connaissance du public. C'est ainsi que son premier ouvrage voit le jour sur la police en Normandie sous l'Occupation. Il y retrace l'histoire de la police à Rouen avec les faits de collaboration lors des rafles, mais aussi des actes de résistance de policiers, la guerre entre la police et la résistance communistes, etc.

Il présente son ouvrage à deux éditeurs intéressés qui lui demandent de supprimer des informations sur des collaborateurs, des informations gênantes sur le maire de Rouen sous l'Occupation ou encore de mettre des initiales sur certains noms mais pas tous. Il refuse car cela rend incompréhensible le déroulement des faits. Il choisit alors de le faire imprimer à compte d'auteur.

Pendant cette période il travaille la nuit au commissariat, mais il s'ennuie et décide d'apprendre le droit pénal spécial et la procédure pénale car certains inspecteurs lui refusent des affaires en arguant de points de droit fallacieux. Un jour, alors qu'il tente d'imposer une saisine, avec le mis en cause présent dans les locaux, l'inspecteur n'est pas content et lui dit qu'il n'a qu'à devenir inspecteur lui-même. Stéphane le prend au mot et informe son chef de sa volonté de préparer le concours d'officier. Ce dernier lui donne la mission d'effectuer les gardes de nuit à la préfecture, à savoir surveiller des caméras, ce qui permet à Stéphane d'étudier pendant un an. Au début il apprend seul, dans les livres, puis il s'inscrit à la préparation interne dispensée par le centre de formation de la police (CFP). Toutes ces modalités et facilités contribuent à sa réussite au concours d'officier, en 1999, et à son entrée à l'école en janvier 2000.

DÉCOUVERTE DU MÉTIER D'OFFICIER

Après dix-huit mois de scolarité, il choisit un poste en brigade de nuit à Amiens. Il y reste deux-trois ans avant d'être affecté au sein du même commissariat à l'unité d'appui judiciaire, qui regroupe la BAC et l'unité canine, en mars 2005. Ses vacations hebdomadaires sont en soirées, entre 18 et 2 heures du matin.

M. Sylvain T., ancien officier de la promotion de Stéphane, devenu commissaire depuis, prend la tête du service de voie publique peu après. Son arrivée coïncide avec le moment où la culture du chiffre fait rage. À cette époque, Stéphane a pris l'habitude de ne pas remplir la main courante informatique (MCI) justifiant son activité, puisque les brigadiers-chefs de groupe de la BAC le font pour lui. Un jour, alors qu'il est sur un dispositif avec la canine, ils oublient de l'inscrire, pensant naturellement que Stéphane va le faire lui-même. Il n'apparaît donc pas sur la main courante. Le lendemain, une lettre de M. Sylvain T. lui demandant de justifier son « absence irrégulière » sous peine de sanction arrive sur son bureau. Stéphane écrit alors un rapport détaillé pour expliquer ce malentendu. Le commissaire demande tout de même que le directeur du département lui mette un avertissement (sanction de première classe), ce qu'il refuse, provoquant la colère de M. Sylvain T. Un commissaire n'aime pas être désavoué par son directeur au profit d'un simple officier. Cet événement entraîne une tension palpable entre M. Sylvain T. et Stéphane. Un jour, Stéphane apprend au détour d'une conversation que le commissaire met en place des tests de sélection pour entrer à la BAC, à savoir des épreuves de tir, sportives (boxe, lutte), la rédaction de procédures et un entretien avec un jury. Normalement, ce sont les officiers chefs de la BAC qui les préparent. Or, le commissaire le fait avec l'adjoint de Stéphane, qui est nouveau et qui « oublie » de le lui dire... Stéphane n'est pas dupe, il sait que le commissaire ne respecte pas la ligne hiérarchique et que c'est une manière de l'écarter. Quand il s'en ouvre à lui, M. Sylvain T. lui répond que c'est pour ne pas le surcharger, qu'il est mieux sur le terrain et que de toute façon Stéphane n'aime soi-disant pas la paperasse administrative... Si les tensions avaient cessé à ce moment-là, Stéphane n'aurait pas remis en question les bonnes intentions de son patron.

Quelque temps après, Stéphane est occupé à surveiller des « roulottiers » en bande organisée. Les roulottiers sont nommés ainsi, car ils commettent des « vols à la roulotte dans les véhicules ». Quand ils agissent à plusieurs avec beaucoup de préparation et qu'ils « pillent » des parkings entiers, on parle alors de « bande organisée ». Ce sont des professionnels du crime, très méfiants et bien structurés, qu'il est difficile de faire tomber, contrairement aux petits délinquants locaux qui cassent une voiture de temps en temps en laissant des traces et indices partout. Cela signifie un travail de longue haleine sur plusieurs semaines. Pourtant, M. Sylvain T. débarque un jour sur place, sans prévenir, pas content. Il n'a que faire des roulottiers. Il demande à Stéphane de faire cesser immédiatement la surveillance. Si jusqu'ici les délinquants ne se savaient pas observés, l'esclandre du commissaire les aura mis au parfum : des heures de travail réduites à néant en cinq minutes. M. Sylvain T. hurle sur Stéphane en lui disant d'aller chercher des « consommateurs de stupéfiants », puisque c'est ça qui apporte des primes. Stéphane refuse et le commissaire lui répond qu'il n'a qu'à changer de service en lui reprochant d'être un « gardien de la paix amélioré ». Il lui annonce qu'il veut le virer de la BAC. La violence de la scène est telle, cumulée avec les pressions subies quotidiennement et le stress qui en résulte, que Stéphane fait une crise de tétanie et finit à l'hôpital. Il est mis en arrêt maladie par le psychiatre durant trois mois. Tous les syndicats font front commun pour le défendre, mais rien ne se passe. Le directeur départemental de la sécurité publique (DDSP) est bien embêté, car il sait que Stéphane est un bon officier et il l'apprécie. Pourtant, il lui demande tout de même de se plier aux volontés du commissaire tout en restant chef de la BAC. Toujours poli, Stéphane lui répond positivement, mais en réalité, il n'en a pas envie.

En septembre 2006, le commissaire de la SD d'Amiens lui propose de venir à la brigade des mineurs-mœurs, ce que Stéphane accepte pour échapper à M. Sylvain T. mais aussi pour y apprendre la procédure judiciaire : il découvre les surveillances sur des agresseurs sexuels, les enquêtes sur les pédophiles, les auditions-fleuves de plusieurs heures qui se terminent par des aveux...

Il rencontre alors Sophie, elle aussi capitaine de police, qui deviendra sa femme. Ils se sont connus alors qu'elle arrivait à Amiens, où elle venait d'être mutée. Elle avait pris la place de Stéphane la nuit pour aller à la BAC. Peu de temps après, elle a été affectée dans un service du « petit judiciaire » dépendant du commissaire Sylvain T.

Nous sommes en 2007. Tout se passe bien jusqu'à ce que de nouvelles directives officielles changent quelque peu les moyens d'action dans le cadre d'enquêtes administratives sur les étrangers en situation irrégulière. Dorénavant, ces directives permettent aux policiers d'aller les chercher à leur domicile s'ils ne répondent pas aux convocations envoyées par la poste. Sophie n'est pas très à l'aise et vérifie auprès de la préfecture, qui va dans le même sens que les directives. Seul le procureur, magistrat représentant l'autorité judiciaire, s'y refuse : il n'est pas légal d'entrer chez une personne sans son accord dans un cadre administratif. Sophie en informe le commissaire Sylvain T. et, deux heures après, le procureur se plie aux volontés de l'exécutif qui a reçu des instructions venant de très haut. Elle doit donc interpeller avec des collègues le lendemain matin un étranger en situation irrégulière à son domicile, mais ça se passe mal. L'étranger est en famille. Alors que le serrurier commence à forcer le verrou de la porte d'entrée, ils prennent peur et tentent de s'enfuir par le balcon de leur voisin. Hélas, dans la précipitation, leur enfant dérape et tombe du septième étage. Il ne meurt pas, mais le père, sous le coup de l'émotion, menace de mort Sophie à plusieurs reprises. Au vu de l'émotion suscitée par la chute de cet enfant et des répercussions dans les médias, l'IGPN est saisie pour vérifier que Sophie a bien fait ce qu'elle devait faire, et dans la légalité. Peu de temps après, elle reçoit des colis avec des cercueils, des menaces de mort écrites et verbales. Au même moment, elle tombe enceinte, ce qui rend la situation plus difficile encore. Il lui est conseillé de demander une mutation avec Stéphane. Le commissaire Sylvain T. se moque ouvertement de cette demande, mais ils parviennent à l'obtenir malgré tout en seulement quelques semaines.

NOUVELLE VIE DANS LE SUD DE LA FRANCE

Ils arrivent à Montpellier en 2008, affectés tous les deux au service de quart. Ils sont bien accueillis. Pendant les premiers mois, Stéphane travaille avec une capitaine, Fanny H. Leur collaboration dure une année, puis elle part travailler au quart de nuit. Entre-temps Stéphane continue son travail sur les victimes du devoir et crée un site internet[10] où il met en

10. https://www.911-17.com/inside-911-17/associations/victimes-du-devoir

ligne régulièrement des hommages et écrit. Il en fait un livre en 2011, intitulé *Victimes du devoir*[11].

Il reste quatre ans au commissariat à faire la gestion des patrouilles de jour. Sophie, elle, est mutée à la Sûreté, aux affaires financières. Leur second enfant naît en 2012. Stéphane veut des horaires hebdomadaires afin de faciliter sa vie de famille mais n'obtient pas de mutation. Il décide alors de se mettre en congé formation pendant un an pour étudier la sociologie du travail et des risques professionnels. Il apprend beaucoup de choses sur les risques psychosociaux, le suicide, entre autres sujets. L'un des sociologues qu'il rencontre lui propose d'écrire des articles sur la prévention des risques du suicide. Stéphane accepte et suggère qu'il serait intéressant d'intégrer des psychologues dans les services de police et de former les policiers à détecter et à prendre en charge les collègues ayant des problèmes personnels ou professionnels, ce qui est en train de se faire depuis quelques mois sous le nom de « sentinelles ».

Il reprend le service actif en 2013 au quart, mais Sophie tombe malade. Un cancer du col de l'utérus, un an après l'accouchement, qui s'est développé en moins de six mois. Commencent les chimiothérapies, les opérations, etc. La situation est difficile, mais Stéphane l'accompagne comme il le peut. En août 2014, alors qu'elle va mieux, Sophie remet en cause sa vie et demande le divorce de façon très abrupte. Stéphane ne s'y attend pas, pensant naïvement

11. Stéphane Lemercier, *Victimes du devoir, les policiers français morts en service*, Éditions du Prévôt, 2011.

qu'une fois la maladie passée, tout irait mieux. Il se tourne alors vers le bouddhisme et fait une retraite dans un temple près de Lodève où lui sont proposés des stages de méditation tournés vers la compassion. Après avoir soutenu sa femme pendant de longs mois, vécu des moments difficiles en l'aidant à lutter contre la maladie, c'est compliqué pour lui d'accepter une demande de divorce et la garde alternée des enfants.

À l'été 2015, Sophie fait une rechute, un nouveau cancer se déclare, obligeant Stéphane à demander des horaires plus stables pour s'occuper à plein temps des enfants. L'état de Sophie se dégrade rapidement, elle entre à l'hôpital et meurt le 16 janvier 2016. Les enfants ont respectivement 3 et 6 ans. La réaction de Stéphane est de s'enfermer dans le mutisme. Il n'arrive pas à parler de leur mère aux enfants et décide de suivre une thérapie EMDR (Eye Movement Desensitization and Reprocessing) pour être accompagné dans son deuil.

En 2018, Stéphane est transféré au contrôle de gestion interne de l'état-major judiciaire, où il y retrouve Fanny H. Ayant les enfants à temps plein, il reste en cycle hebdomadaire puis monte prendre la tête de l'état-major judiciaire de la SD, où il remplace Fanny H., partie entre-temps à la brigade financière. Tout se passe bien, on lui confie un travail de synthèse et de compilation de statistiques qui lui correspond bien. En plus, il fait le lien entre tous les services du commissariat, ce qui lui plaît énormément. Dépositaire des affaires internes (enquêtes concernant des infractions commises par les fonctionnaires de police), il s'intéresse alors à l'éthique et à la déontologie et souhaite écrire un livre sur le sujet.

En matière de déontologie, il a un contre-exemple parfait au sein même de son service : M. Ugo E., commandant adjoint de la SD, en place depuis plus de quinze ans dans le service, ancien alcoolique. Il incarne la police à l'ancienne : se vante d'être en relation avec d'anciens « parrains » de la pègre, appelle « ma chérie » les femmes qu'il estime être belles, tient ouvertement des propos à caractère sexuel ou sexiste à des collègues féminines devant tout le monde. Des femmes affirment même qu'il entre dans leur bureau, fermant la porte avant de s'asseoir sur la chaise en face, écartant les jambes pour montrer qu'il est en érection avant de dire : « C'est quand qu'on baise ? » Ou encore, en réunion, il met une main sur la cuisse d'une collègue et remonte très haut en la caressant, sachant très bien qu'elle n'en a pas envie, et lui dit : « Ah, ma chérie, qu'est-ce que tu es belle aujourd'hui, c'est pour moi ? »

C'est lui qui fait la pluie et le beau temps dans le service, au fur et à mesure que les différents commissaires se suivent. Cette ambiance dérange, mais ils y sont habitués. Et les choses restent ainsi jusqu'à l'arrivée de M. Yves C.

M. Yves C. est commissaire de police, ancien gardien de la paix, qui a occupé des postes essentiellement dans le renseignement. Il ne connaît rien à l'investigation et s'en fiche, mais il est venu à Montpellier parce qu'il connaît bien le DDSP, qui est son ancien supérieur. Il arrive de Toulon pour prendre un grade de commissaire divisionnaire et souhaite repartir aussitôt.

À peine quinze jours après son arrivée, probablement sur demande du DDSP, M. Yves C. avance le fait qu'il y a trop d'heures supplémentaires dans le service et qu'en conséquence il souhaite un changement important : créer un groupe de cinq personnes pour gérer les enquêtes en flagrant délit, avec des horaires décalés sur le principe des permanences du week-end. Stéphane ne le trouve pas très convaincu par sa propre proposition : ses arguments sont tendancieux, voire fragiles. Les officiers tentent de lui expliquer toutes les conséquences négatives d'un tel changement. Sa réponse est lapidaire : « Je pensais avoir affaire à des gens intelligents en parlant avec des officiers, mais je m'aperçois que je me suis trompé. »

Les officiers essaient d'apaiser les tensions en proposant d'autres solutions, mais le commissaire ne lâche pas : ce groupe « flag » est mis en place pour les gardiens de la paix sans que les officiers soient concernés. Ils savent que ce n'est judiciairement pas possible et que, en pratique, ils seront aussi décalés. Le commissaire ne s'intéresse pas à la procédure. Quand les officiers font référence aux instructions du procureur de la République, que les enquêteurs sont tenus de respecter, il répond « qu'il n'en a rien à foutre », que ce « n'est pas le procureur qui décide ».

Lors des réunions du matin, il est régulièrement contrarié. Il peste et crie en tournant autour de la table, là où les officiers sont assis. Il suggère à ses effectifs de faire de faux PV, de mentir, donne des solutions de procédures qui ne sont pas possibles. Il se confronte régulièrement au procureur, mettant en difficulté tous les OPJ du service, au point de ne pas lui répondre au téléphone. Stéphane fait le relais comme il peut et marche sur des œufs en permanence avec les partenaires. Par exemple, dans le cadre d'une affaire particulière interne au service avec des policiers en cause, il se rend avec M. Yves C. dans le bureau du procureur pour lui faire part des avancées de l'enquête. Le commissaire est tellement en opposition, sans chercher de solution, que Stéphane est obligé de lui couper la parole en demandant clairement les instructions au procureur, car il sait qu'*in fine* c'est lui, le « chef du judiciaire ».

En août 2018, une vingtaine de postes s'ouvrent à la SD 34, ce qui est très rare. Le commissaire Yves C. demande à Stéphane de faire des entretiens préalables avec les candidats par téléphone. Stéphane s'exécute et appelle un collègue en résidence à Montpellier qu'il a déjà entendu dans le cadre d'une affaire judiciaire où il était accusé d'escroquerie et d'abus de confiance par son ex-conjointe. Stéphane n'est pas convaincu, d'autant plus que ce policier est un OPJ, donc il émet un avis défavorable. Sur les 80 candidats, Stéphane a donc « fait un tri », comme il lui a été demandé. Pourtant, le commissaire fait fi de son avis et prend quand même l'OPJ. Ce policier se retrouve affecté au groupe « Mœurs mineurs » sans être compétent et met rapidement une mauvaise ambiance dans le service à cause de sa désinvolture et sa prise en compte des victimes de ces infractions très particulière. Stéphane se sent manipulé et déconsidéré car il y avait de nombreux candidats plus qualifiés que lui qui n'auraient pas posé autant de problèmes.

Avant leur mutation, le commissaire Yves C. laisse au commandant Ugo E. le soin de gérer l'arrivée des nouveaux. Ce dernier demande que les changements de bureaux se fassent immédiatement alors qu'une bonne partie des effectifs sont en congé d'été. Les officiers refusent cette pratique. Mais le commandant insiste en injuriant les officiers pour que les affaires des personnels absents soient mises dans des cartons. Malgré les injures et les humiliations, certains officiers se rangent derrière le commandant. Stéphane refuse, Fanny H. aussi. Finalement, même si les cartons n'ont pas été faits durant l'été, les tensions sont devenues tellement fortes que son bureau s'est transformé en bureau des plaintes et des larmes. Il se rend compte que cette manière de gérer crée un véritable malaise dans le service. Le commandant Ugo E. transmet des e-mails sans instructions et quand Stéphane demande ce qu'il doit en faire, il lui répond avec mépris que s'il ne sait pas quoi faire c'est qu'il ne mérite pas sa place. C'est un exemple parmi tant d'autres. M. Ugo E. donne des tâches identiques (et chronophages) à plusieurs personnes en même temps et quand Stéphane s'aperçoit qu'ils sont plusieurs à travailler sur les mêmes tableaux ou synthèses, qu'il s'en étonne auprès de lui, il lui répond que c'est pour être sûr que ce soit fait au moins par quelqu'un et pour comparer les chiffres rendus, soit une façon de contrôler la rigueur du travail accompli…

Un jour, Hélène W., officier adjointe au groupe « Criminel » en charge de la plateforme informatique des avoirs criminels (Piac) découvre qu'une autre capitaine, plus âgée qu'elle, prend le grade de commandant en demandant sa mutation à la tête de son service mais en souhaitant rester à son poste. Hélène W. refuse en indiquant que si elle prend le grade, elle prend les fonctions qui vont avec, soit les siennes puisqu'elle joue ce rôle depuis plusieurs mois. Le commissaire Yves C. lui propose d'aller au service des mineurs, mais elle ne veut pas. Sans avoir envie ou le choix, et sans avoir rien demandé à personne, elle est mutée à l'état-major avec Stéphane afin de développer la Piac. Pour le commissaire Yves C., c'est aux officiers de se débrouiller entre eux.

Stéphane et Hélène W. alertent la psychologue du service de soutien psychologique opérationnel (SSPO) de la situation délétère régnant dans le service. Ce service est destiné à les soutenir, mais les gardiens de la paix n'osent pas parler. Ils informent également le médecin de prévention, qui ne fait rien de plus que proposer aux effectifs de venir le voir. Stéphane prévient le commissaire Yves C. de ces difficultés. Il accepte, par lassitude, de les recevoir. Certains le font et la réponse du commissaire Yves C. est la suivante : « Demandez à changer de service, plein d'autres ont envie de prendre votre place. » En somme, rien ne change. La menace a porté ses fruits.

Un peu plus tard, dans le cadre d'une commission rogatoire ordonnée par un juge d'instruction concernant un membre de la PAF accusé d'avoir violé le fils de 7 ans d'un autre policier, une enquête est menée par les gendarmes, qui ne veulent pas entendre le mis en cause. Le procureur envoie la commission rogatoire à la SD et le commissaire Yves C. renvoie le dossier à l'IGPN, qui ne se prive pas de le renvoyer à nouveau, car « il s'agit d'une affaire privée ». Le dossier arrive sur le bureau de Stéphane. Les mis en cause et le policier, père de la victime, sont très proches, donc tout l'entourage doit être entendu et il doit mettre un policier en garde à vue. Stéphane est en difficulté car il ne veut pas que la garde à vue se passe dans des locaux de police. Mais le commissaire Yves C. et le commandant Ugo E. s'en moquent. Stéphane finit par trouver la solution en demandant à la gendarmerie la possibilité que cette garde à vue soit faite dans leurs locaux.

Stéphane se sent seul et subit cette souffrance, chaque jour. Sa vie personnelle a évolué pendant cette période difficile. Grâce à Hélène W., Stéphane a rencontré sa nouvelle compagne, Christel, avec laquelle il a emménagé à Agde. La situation dans son service est devenue si insupportable que lorsque Stéphane apprend qu'il y a besoin de renfort pendant six mois au commissariat d'Agde, il saute sur l'occasion.

Début 2019, après un semestre durant lequel il a eu le temps de « faire son trou » à Agde et d'obtenir la promesse d'une mutation dans ce service, Stéphane retourne à Montpellier. La boule au ventre, certes, mais avec l'idée qu'il ne lui reste que quelques mois à endurer son calvaire. Le temps est passé, mais rien n'a changé, la situation s'est même encore dégradée. Le commissaire Yves C., n'ayant pas apprécié que Stéphane parte pour six mois, refuse qu'il revienne à l'état-major et l'envoie aux mœurs. Stéphane se retrouve alors dans une ancienne salle d'archives, sans fenêtre, sans bureau et sans chaise.

CRISE DES OFFICIERS AU SEIN DU SERVICE

Le commandant de la brigade financière néglige sa tâche, car cette matière n'est pas valorisée par le DDSP, autrement dit il n'y a pas de primes malgré le nombre de dossiers croissant et les montants parfois élevés au préjudice des victimes. Une moitié des effectifs du groupe financier est mise à disposition du groupe d'intervention régional[12] (GIR) pendant plusieurs mois pour les aider sur une grosse affaire qu'ils avaient initiée. Pendant ce temps, les dossiers s'accumulent et les relations sont de plus en plus tendues. Fanny H. signale que les délais d'enquête sont anormalement longs, que les victimes et le parquet leur réclament sans cesse des explications et que le fait de répondre qu'ils sont débordés ne convainc personne malgré la réalité de la situation !

La solution trouvée est la suivante : jusqu'ici la brigade financière traitait les procédures avec un préjudice de 500 euros ou plus, car il était estimé qu'en dessous le préjudice était couvert par les assurances et qu'il y en avait trop. Petit à petit, les montants sont relevés à 1 000 euros, 3 000 euros, puis 5 000 euros. Ce qui signifie qu'un particulier qui dépose plainte pour un préjudice de moins de 5 000 euros verra sa plainte écartée, car le préjudice subi ne serait pas suffisamment important ! Et pour couronner le tout, cela ne résout pas la situation et les dossiers s'entassent.

Selon Stéphane, le problème est la gestion des heures supplémentaires. Le commissaire Yves C. lui demande de

---

12. Groupe qui comprend la police, la gendarmerie, les douanes, les impôts et l'Urssaf, dont l'objectif est de lutter contre l'économie souterraine.

comparer les feuilles de jonction, où sont notées les heures supplémentaires, et les heures faites lors des auditions dans le logiciel de rédaction des procédures de la Police nationale (LRPPN) et la MCI. Par exemple, une audition de quatre heures prend en réalité cinq heures avec la relecture, parfois plus. Cela signifie que tout le travail effectué en dehors des auditions n'est pas pris en compte. On ne demande pas une appréciation mais une preuve comptable. Stéphane doit donc émettre des avis favorables ou défavorables sur la feuille de jonction et c'est ensuite le commissaire Yves C. qui valide. En réalité, il fait tout ce qu'il peut pour réduire ces heures supplémentaires, pourtant effectuées par les policiers : « Ils peuvent discuter de l'enquête le lendemain » ou alors « Discuter à deux et non pas à quatre ». Stéphane passe un temps infini à justifier, à expliquer au commissaire et aux effectifs les contraintes des uns, celles des autres, il fait le tampon sans arrêt alors que le commandant Ugo E. et le commissaire Yves C. s'en moquent, se contentant de dire « qu'il prend les choses trop à cœur ». Et quand les collègues ne sont pas d'accord, le commissaire se justifie en disant que c'est Stéphane qui décide. Ça finit par se savoir et les collègues le perçoivent mal, le qualifiant de « redresseur de torts ».

Lors des manifestations des Gilets jaunes, avec leur cohorte de « meneurs », de « casseurs cagoulés », très actifs et difficiles à identifier, un OPJ du service est envoyé en salle radio pour faire un PV d'ambiance en consultant ce qui se passe sur les caméras. Au début, les signalements de ces « casseurs » sont diffusés par la radio, mais il y a beaucoup trop de monde. Donc, l'OPJ prend en photo l'écran géant et diffuse les images sur un groupe WhatsApp créé pour les effectifs en tenue qui sont sur le terrain. De plus, il est demandé à la SD de tenir un fichier avec ces signalements et les photos correspondant. Ils reçoivent donc une image qui n'aurait pas dû être prise autrement que sur réquisition judiciaire sur leurs portables personnels, pas sécurisés, avec des données nominatives qui sont gardées dans un fichier non déclaré à la Commission nationale de l'informatique et des libertés (Cnil). Stéphane s'en offusque, mais la réponse du commandant Ugo E. est simple, comme à son habitude : « Tu m'emmerdes, c'est comme ça et puis c'est tout. »

QUAND L'ÉVITABLE FINIT PAR SE PRODUIRE

En avril 2019, une affaire d'exhibitionniste l'amène à faire des surveillances. Un matin, Stéphane arrive au service plus tôt pour faire cette surveillance et croise Fanny H. sur le parking. Il ne le sait pas encore, mais c'est la dernière fois qu'il la verra. À peine arrivé au point de surveillance, Stéphane apprend qu'elle vient de se suicider avec son arme de service dans son bureau. Même s'il ne l'a pas vu arriver, cet acte n'est pas si surprenant étant donné la situation. Le commissaire Yves C. est en panique et le commandant Ugo E. réagit en technicien en donnant les instructions nécessaires. Comme toujours dans ces situations, après les tensions subies durant de longs mois, c'est la tristesse qui s'installe dans le service, la sidération, l'incompréhension ou encore la colère pour certains.

Le lendemain matin, le commissaire Yves C. demande qu'une réunion soit faite comme tous les jours afin de discuter des dossiers. Soixante personnes du service viennent s'entasser dans son bureau pour s'y opposer. Quelques jours plus tard, le commissaire dit aux officiers qu'il a entendu que certains veulent mettre ce suicide sur le dos du service alors « qu'elle avait des problèmes personnels ». Le message est clair : « Je vous préviens que si l'un d'entre vous ose dire ça, ça se passera très mal ! »

Entendez : si l'un d'entre vous ose dénoncer le service… Mais cette menace n'atteint pas Stéphane. Lorsque l'IGPN arrive de Marseille, il demande à être entendu dans le cadre de l'enquête administrative pour parler de la situation. L'audition est faite par le contrôleur général, chef de l'IGPN de Marseille, en personne. D'autres sont entendus également.

Hélène W. se met en arrêt maladie, à cause de la pression, mais aussi parce qu'elle s'est identifiée à Fanny H. : elles ont le même âge, des enfants dont elles parlaient souvent. Pour elle, c'est un choc. Elle ne comprend pas pourquoi Fanny H. a fait ça. Sans oublier le commissaire, qui reste en place et qui ne change rien à sa façon de faire. Elle est écœurée.

De son côté, Stéphane tient encore quelque temps, puis il est à nouveau arrêté plusieurs mois avant de reprendre son service à Agde. Il y apprend, par son représentant syndical, que la presse a été alertée des dysfonctionnements du service. *Le Point* cite le directeur, le commissaire Yves C.

et le commandant Ugo E. comme étant responsables[13]. Le commissaire Yves C. dépose plainte pour diffamation. Le journaliste est sommé de nommer ses sources, mais il refuse. Au procès, le procureur dira qu'il y a tellement de témoignages qui attestent les déclarations du journaliste que la diffamation ne tient pas.

Le commissaire Yves C. est muté quelques mois après la mort de Fanny H. à Toulon, d'où il venait et où il voulait retourner. En 2022, ce suicide est reconnu comme imputable au service. C'est l'un des rares cas de suicide à l'avoir été.

REMONTER LA PENTE

Lorsque Stéphane est muté à Agde, il devient adjoint au chef des unités de voie publique en tenue. Son supérieur hiérarchique direct est un commandant, très administratif, donc Stéphane prend en charge l'opérationnel. « Écoute radio » en permanence, c'est le retour sur le terrain après des années de judiciaire et il est très heureux. Il retrouve Hélène W., qui a été mutée entre-temps. Puis arrive une nouvelle commissaire, originaire d'une ville qu'Hélène W. connaît bien. Cette commissaire est « carrée », mais aussi très scolaire et administrative : quand le DDSP lui demande quelque chose, elle s'exécute. Le changement est perceptible au sein du commissariat : davantage de statistiques alimentent de nouveaux tableaux, dont les tableaux

13. « Malaise dans la police : émotion, colère et désarroi à Montpellier », *Le Point*, 21 avril 2019.

indicateurs qui génèrent des flèches rouges montrant que les résultats ne sont pas bons et inversement avec des flèches vertes pour les réussites. Le service est bien perçu et donne de bons résultats. Pourtant, au bout d'un moment, la commissaire commence à « manipuler » les chiffres pour générer des « flèches vertes » et remplir les objectifs souhaités par le DDSP. Les tableaux ne sont donc plus remplis de manière objective et ne répondent pas à la réalité du terrain, ce qui engendre une perte de sens dans la politique pénale globale. Par exemple, le ministère de l'Intérieur demande que les « points de deal » soient recensés dans les communes afin de mettre en place des outils pour des « opérations coup-de-poing ». Un « point de deal » correspond à un trafic de stupéfiants organisé, avec plusieurs personnes en cause, généralement situé dans une « cité ». À Agde, il n'y en a qu'un. Deux policiers seulement sont affectés à la brigade des stupéfiants, ce qui signifie que cette problématique n'est pas majeure dans cette commune. Les « points de deal » doivent donc être créés artificiellement. Un « petit vendeur » occasionnel profite de l'affluence des touristes pour devenir un « point de deal ». Comme ça, en interpellant ce petit vendeur, l'« objectif » est rempli et le « point de deal » démantelé…

Les chiffres, donnés par le gouvernement à l'échelle nationale, sont donc faussés. De plus, les solutions médicales pour lutter contre la consommation, comme le suivi psychologique par des associations ou des collectifs de parole, sont arrêtées faute de budget. On n'a plus qu'une réponse pénale à apporter aux consommateurs et aux petits dealeurs. Pour

Stéphane, cette prise de conscience entraîne une fois de plus une désillusion.

À cette époque, des mesures sont prises. C'est le moment du grand retour à la police de proximité telle qu'on la connaissait auparavant. Du moins sur le papier... Finalement, rien ne change vraiment, si ce n'est quelques appellations et des réunions en plus... À Agde, l'entente avec les partenaires institutionnels (qui est plébiscitée dans ce nouveau « programme ») et la police municipale existe déjà, elle est même très bonne...

Arrive à ce moment-là un nouveau DDSP, qui propose quelque chose qui n'a jamais été fait : en début d'année, il demande à tous les policiers, gradés, gardiens et officiers de remplir une fiche de vœux dans laquelle ils demandent le poste qu'ils veulent dans le commissariat ou sur le ressort de la DDSP. Les policiers ont plusieurs mois pour faire leur demande, jusqu'en mai. En juin et juillet, les répartitions se font dans les services en liaison avec les commissaires. Stéphane participe activement à cet exercice complexe, notamment de la BAC et du GSP à Agde. Des changements d'horaires sont proposés, obligeant à revoir toute l'organisation du service. Stéphane s'investit beaucoup avec son adjoint, un major de police, en relation étroite avec la commissaire. Ils prennent du temps pour aller voir les effectifs, les écouter et tenter de trouver la meilleure solution pour chaque agent. Ils font des changements jusqu'au dernier moment en espérant contenter tout le monde. D'ailleurs, 80 à 85 % des effectifs ont obtenu satisfaction, ce qui était inespéré au départ. Malgré cela, dès les changements opérés dans les services, des agents se plaignent que cela n'a pas été fait sérieusement, que les choses n'ont pas été réfléchies. Cela heurte Stéphane, qui s'est beaucoup investi et constate que, même si l'on offre aux agents la place qu'ils veulent (ce qui est très rare), ils finissent quand même par trouver à redire, à être mécontents de leur sort et à continuer de râler…

Autre sujet majeur à cette époque, qui touche particulièrement Stéphane et Hélène W. pour l'avoir vécu de près, le nombre important de suicides dans la police. La direction générale de la Police nationale (DGPN) décide de mettre en place une formation en ligne et un numéro d'accès privé pour les policiers en détresse. Stéphane se rend à Marseille sur invitation de sa commissaire pour assister à la présentation officielle du service et de l'e-formation. À son retour, il suit la formation mais s'aperçoit qu'avec les outils informatiques dépassés et la connexion lente, c'est difficile d'y parvenir en deux heures comme prévu. De plus, les propos sont parfois complexes et se retrouver seul devant son ordinateur à entendre parler de suicide ne lui semble pas une bonne chose. Stéphane propose à la commissaire de reprendre le contenu de la formation, de l'agrémenter d'explications et de commentaires, et de la présenter aux effectifs d'Agde, par petits groupes de quatre ou cinq, afin de ne pas laisser les agents seuls et passer un message clair, voire, éventuellement, inviter les policiers à parler. La commissaire le soutient totalement. Il prépare l'exercice, mais l'état-major de Montpellier s'y oppose, arguant que Stéphane n'est pas formateur. Furieuse, la commissaire rétorque qu'il est chargé d'enseignement à l'université de Montpellier depuis 2017. L'état-major finit par accepter, à condition que les sessions se fassent en présence de la psychologue du SSPO. Cependant, elle ne peut y consacrer que deux ou trois jours par mois, et encore s'il n'y a pas d'urgence dans les trois ou quatre départements qu'elle couvre… Stéphane finit par laisser tomber et la plupart des fonctionnaires vont donc « apprendre » en cliquant sur une vidéo avant de partir en patrouille, celle-là pouvant être visionnée deux heures plus tard… ou pas. La question du sens revient une fois de plus tarauder Stéphane.

Puis le Covid-19 fait son apparition, ayant pour conséquences d'innombrables opérations de contrôle des attestations, avec une avalanche de notes de service, ordres, contre-ordres, etc. Les missions sont ubuesques. Par exemple, Stéphane doit contrôler le respect des jauges dans les magasins. Or, à Agde, l'Hyper U est l'un des plus gros en France. Les effectifs surveillent la jauge en vérifiant que « le feu est vert ». Mais cela ne convient pas à la haute hiérarchie, qui demande que le nombre de personnes effectivement présentes dans le magasin – des centaines – soit vérifié en les comptant. Pas du tout du travail de police. Ou encore on leur demande de contrôler sur les plages de nudistes qu'ils portent bien leurs masques ! Tout ça pour remplir le tableau pour la préfecture, pour la DDSP ou le procureur, chacun ne voulant pas la même information.

Puis aux demandes répétées de contrôles, de verbalisation, à la politique du chiffre qui n'a jamais disparu et à l'apparition du Covid-19 s'ajoute la mise en place de l'amende forfaitaire pour la consommation de produits stupéfiants. Il est demandé d'en faire de plus en plus, mais les conditions demeurent très restrictives : cela se fait sur des tablettes qui se déconnectent souvent et, quand elles fonctionnent, les individus contrôlés ne rentrent pas toujours dans les critères. Les effectifs sont contraints de multiplier les contrôles d'identité pour essayer de trouver des consommateurs, de réaliser des amendes forfaitaires et de remplir les tableaux statistiques. Ils finissent par en rédiger qui n'entrent pas dans le cadre, mais, tant pis, ça compte quand même… Une perte de sens supplémentaire ! On leur demande de contrôler un maximum de personnes pour dresser des amendes forfaitaires tandis qu'en même temps ils essaient de lutter contre les contrôles d'identité systématiques…

L'ÉCRITURE, UNE BÉQUILLE

Malgré les difficultés quotidiennes et la charge de travail importante, Stéphane n'a jamais cessé d'écrire. Il publie un livre sur l'éthique et la déontologie[14], salué par quelques articles dans la presse nationale et quelques interviews. Une capitaine de la formation à Paris le contacte pour refaire les mallettes pédagogiques de formation à la demande du ministère de l'Intérieur. Stéphane présente ses recherches et son travail. Mais au moment de la validation, ceux chargés de contrôler son travail jugent que cela représente « trop de

---

14. Stéphane Lemercier, *Précis d'éthique et de déontologie de la Police*, Éditions du Prévôt, 2019.

changements d'un coup »... Il faut y aller doucement. On ne peut pas changer d'éthique aussi vite. Ainsi, malgré les bons retours des universitaires ou de la hiérarchie, finalement rien ne va changer et les comportements déviants vont perdurer. Perte de sens, une fois de plus...

QUAND IL EST TEMPS DE PARTIR

À Agde, Stéphane n'a plus le temps d'aller en patrouille : trop de fichiers à gérer, trop de tableaux à remplir, pas assez d'effectifs et de moyens, trop de réunions préparatoires ou avec des partenaires extérieurs, « opérations coups-de-poing » sans le personnel nécessaire, il est impossible de continuer à faire son travail dans de bonnes conditions.

En septembre 2020, alors que le dispositif de fiches de vœux est proposé aux agents et aux officiers, un capitaine plus jeune que Stéphane prend la place de chef du service de voie publique parce que son ancien commissaire n'en voulait plus. Ne sachant pas où le mettre mais ne voulant plus le voir, le DDSP l'envoie là en position de détachement, contre l'avis de la commissaire d'Agde. Cette décision a pour effet direct d'empêcher Stéphane d'avoir accès au grade de commandant. De plus, l'officier en question ne pourra pas être régularisé à son poste, car il n'est pas arrivé dans le cadre d'une mutation. Pourtant, Stéphane est en poste depuis un bon moment et fait l'unanimité dans son service. Il se sent désavoué. Le DDSP lui-même lui dit que puisqu'il a fait du très bon travail à Agde, il peut « aller à Sète remplacer le capitaine qui vient d'arriver et qui a foutu le bordel là-bas ». Toujours les vases communicants. Quand il y a un problème, pourquoi le résoudre ? Il vaut mieux le déplacer, c'est plus simple... Stéphane est déçu mais remercie tout de même de manière ironique le DDSP de la confiance qu'il lui accorde. Le plus important, selon Stéphane, reste le sens de la mission. Être au service des citoyens. Mais avec la crise du Covid-19, les contrôles n'ont plus de réelle signification autre qu'embêter les gens, déjà perdus face aux interdictions, contradictoires les unes avec les autres. Une situation qu'il ne parvient plus à supporter et qui entraîne définitivement une perte de foi en ce qu'il fait.

En mai 2021, son père décède soudainement. Cette perte génère des problèmes dans son couple. Il ne veut plus subir sa vie professionnelle et familiale et prend conscience qu'il fait un burn-out. À tel point qu'il décide un jour de déposer son arme au commissariat, car il est désespéré. Il choisit alors de prendre quelques jours et d'aller les passer seul dans un chalet afin de déconnecter. En arrivant là-bas, il voit une énorme poutre au plafond et se dit que s'il décide de se suicider, elle fera bien l'affaire pour se pendre. Étant formateur en prévention du suicide, il prend enfin réellement conscience du danger. Il va consulter son médecin, qui le met en arrêt maladie et sous traitement pendant presque six mois. Aujourd'hui, il peut dire qu'il ne doit la vie qu'à sa rencontre avec une psychologue formidable qui le qualifie de « zèbre », haut potentiel intellectuel et émotionnel, hyperactif, avec un besoin exacerbé de sens au travail et dans la vie, donc sujet au burn-out. Ce diagnostic sera confirmé par des tests effectués par des professionnels à Avignon. C'est le bout du parcours et il se dit qu'il est temps de raccrocher. Il demande une rupture conventionnelle. Toujours en alerte sur les réseaux sociaux, il prend contact avec Agnès, qui le dissuade de partir et lui propose de s'engager dans le combat syndical. Il n'a jamais envisagé de s'enrôler dans un syndicat de police, estimant que les syndicats sont trop soumis à l'administration et que leurs combats sont trop individuels, voire opportunistes. Or, au contraire, le Snuitam-FSU semble incarner les valeurs qui l'animent : lutte contre les violences policières, racisme dans l'institution, soutien aux lanceurs d'alerte quand c'est nécessaire, volonté d'une police plus humaine et recherche de solutions progressistes. Il accepte et devient détaché permanent de ce syndicat. Il s'occupe de la communication, alliant son goût pour l'écriture, son envie d'informer, de transmettre, tout en étant en accord avec ses valeurs. Pour lui, c'est la dernière possibilité de faire avancer les choses avant de prendre sa retraite…

Christophe Annunziata

« A une époque de supercherie universelle,
dire la vérité est un acte révolutionnaire. »

George Orwell

Christophe a toujours eu envie d'entrer dans la police. Son père est ouvrier en bâtiment, sa mère travaille dans un pressing et il a une sœur de trois ans son aînée. Il passe son enfance dans un village de 800 habitants en Bourgogne. Il est un élève normal, plutôt tranquille. Quand il n'est pas à l'école, il est dans la forêt à faire des cabanes avec ses copains. Il a une vie sociale riche, organisée autour de matches de football ou de rugby.

Il entame son année de première en compta-gestion quand on lui demande de préparer un exposé sur le métier qu'il voudrait exercer : policier. Pour ce faire, il va demander des informations au commissariat de la ville voisine. Il y apprend l'existence des policiers auxiliaires – appelés du contingent ayant choisi d'effectuer leur service militaire dans la Police nationale – et décide de suivre cette voie. Il obtient le bac et part pour son service à 20 ans.

En janvier 1998, lors de son premier mois de classes en tant que policier auxiliaire à Fos-sur-Mer, il rencontre la France entière. Puis il est muté au commissariat de Tarare pendant neuf mois, avant d'obtenir le concours de gardien de la paix.

Il entre dans la police le 1er novembre 1999. Cette année-là, toute la promotion ou presque est prévue pour la création de la direction de l'ordre public et de la circulation (DOPC) et de la direction de la sécurité de proximité de l'agglomération parisienne (DPUP). Il choisit la 11e compagnie d'intervention et de sécurisation (CI) Beaujon, basée rue de Courcelles, dans le 8e arrondissement de Paris. Là-bas, il ne fait que du service d'ordre pendant un an : Barbès, rue Myrha, la Goutte-d'Or, Château-Rouge sont « ses » quartiers, ses journées sont ponctuées de contrôles routiers, de maintien de l'ordre ou « planton » au Conseil des ministres, rue de Varenne.

LA 11E COMPAGNIE

Un jour, lors d'un contrôle routier boulevard Beaumarchais, entre la place de la République et la place de la Bastille, alors qu'il fait nuit, un sous-brigadier lui demande d'arrêter une 104 avec un phare qui fonctionne mal. Christophe procède au contrôle, l'automobiliste obtempère, il a l'air d'avoir peur et s'excuse. Le sous-brigadier laisse Christophe seul pour aller rejoindre les collègues sur le boulevard. Le contrôle technique est dépassé de quinze jours (la tolérance est un dépassement d'un mois au maximum). Le contrevenant dit ne pas s'en être rendu compte et semble être de bonne foi. Christophe lui explique quelles sont les conséquences de cette infraction et la possibilité qu'il a d'immobiliser le véhicule immédiatement. Le conducteur est embêté, car il a besoin de sa voiture pour travailler. Christophe décide de le verbaliser pour le phare et lui demande d'aller faire le contrôle technique rapidement. Lorsque le sous-brigadier revient, il dit à Christophe de le verbaliser pour tout et de procéder à l'immobilisation du véhicule. Christophe refuse, mais le sous-brigadier insiste et Christophe, excédé, lui répond qu'il n'a qu'à le faire lui-même avant de remonter dans le fourgon de police afin de rédiger le timbre-amende pour le phare. Le sous-brigadier est furieux. Sentant la tension monter, Christophe se lève quand le sous-brigadier l'attrape par la gorge, la serre fort et le colle contre la fenêtre du bus en lui disant : « T'es un bitos[15], donc tu fermes ta gueule ! »

Pour se défendre, Christophe lui flanque un coup de poing au menton tandis que les autres policiers interviennent pour les séparer. Au retour, le major de police de la section lui demande un rapport : « Six mois de police et tu te fais déjà remarquer. »

Quelques jours après, ils sont convoqués par le commandant, qui commence par faire une remontrance à Christophe et déclare qu'il ne veut plus entendre parler de lui. Puis il se tourne vers le sous-brigadier et tranche : « C'est l'histoire de trop, vous partez du service. »

15. Un nouveau.

Peu de temps après, le service de la 11e compagnie est transféré boulevard Bessières. Les trajets domicile-travail étant trop importants, il demande une permutation[16] avec un collègue de la 22e compagnie, Porte Dorée. Christophe a terminé sa première année en tant que stagiaire, il est donc titulaire. Il arrive avec quatre gardiens de la paix. L'ambiance est la même qu'à la 11e compagnie, mais il s'entend particulièrement bien avec ceux qui sont arrivés en même temps que lui. L'un d'eux lui parle d'un télégramme pour passer le brevet d'aptitude aux fonctions d'animateur (Bafa). En effet, la préfecture de police de Paris est propriétaire de centres de loisirs dont le directeur et les animateurs sont des policiers et les enfants ceux des agents et des quartiers riverains. Les policiers sont formés et détachés pendant les vacances scolaires : une action sociale très appréciée.

Christophe se motive pour faire la demande de formation. Le jour où le stage commence, il n'a pas été convoqué et imagine qu'il n'a pas été retenu. Mais, en fin de journée, le commandant l'appelle pour lui dire que dès le lendemain il part en stage au Val-de-Fontenay pour la théorie et ensuite à l'orphelinat de la police d'Osmoy pour la pratique.

Lorsque Christophe réintègre son service, ses chefs, qui avaient dû mettre leur « veto », ne sont pas contents. Peu importe, avec son Bafa en poche, il part à Choisy-le-Roi

16. Une mutation entre deux collègues, souvent par l'intermédiaire d'un syndicat, permet d'échapper au télégramme de mutation, qui est la règle pour changer de service. Cela permet aussi au patron du service de donner son avis et éventuellement de refuser une permutation si le collègue arrivant ne lui plaît pas.

s'occuper des centres de loisirs jeunesse durant les deux mois d'été, pour lui l'un des meilleurs exemples de rapprochement police-population entre les policiers et les adolescents.

En septembre, quand il revient à la compagnie, il est bousculé par ses collègues – pour eux, il était en vacances. N'ayant pas envie que cela dégénère à nouveau, Christophe demande à quitter la compagnie.

Mais trop tard. Dans ce service, tous les jours, deux policiers sont désignés pour monter la « garde » à l'accueil de l'immeuble. Ils sont avertis et leurs noms figurent sur un tableau de permanence affiché dans la salle d'appel. Un week-end où il est censé être de repos, on l'appelle. Il n'est pas à son poste. Quelqu'un a échangé son nom avec celui de Christophe sur le tableau. Il se présente tout de même, en retard. Cela constitue un abandon de poste et il écope d'un avertissement[17] injuste.

La police de proximité est abolie. Christophe change d'horizon un an plus tard, et rejoint le service régional de la police des transports (SRPT), dans le métro parisien. Là-bas, c'est « interpellation à plein temps » de tous les délinquants, pickpockets, etc. Christophe constate la pression du chiffre car, chaque mois, le commandant nomme le « groupe du

---

17. Sanction du premier degré. Il sera bloqué un an dans ce service car un avertissement est une sanction du premier degré impliquant une mention dans le dossier individuel pendant un an. Il est d'usage officieux que si un fonctionnaire qui prend un avertissement veut postuler pour un autre service, il y a de grandes chances qu'il soit bloqué pendant un an. Le temps que l'avertissement disparaisse. C'est un moyen de pression utilisé contre les fonctionnaires : « Tiens-toi à carreau, faits ce qu'on te dit, sinon "avertissement", puis "blocage". »

mois » en fonction des résultats et nomme son service « le Raid sans cagoule », rien que ça! Si le chiffre n'est pas fait, tu te fais remarquer, et là ce n'est pas bon pour la prime des chefs.

Un matin, au moment de l'appel au SRPT, Christophe apprend qu'un ancien collègue de la 11e compagnie a été tué hors service, avec son arme, par deux toxicos qui la lui avaient dérobée la veille : il a reçu deux balles dans le torse.

Puis, quelques mois plus tard, son beau-frère se suicide. Christophe a besoin de temps. Il avertit le brigadier de son groupe en lui demandant le nom du psychologue du soutien psychologique opérationnel (SSPO). Il participe à plusieurs entretiens avec la psychologue, mais son état se ressent sur son activité : il est présent physiquement, son esprit est ailleurs. En juillet, il constate que sa notation n'est pas bonne. Son officier lui dit que ça fait trois mois qu'il ne se passe pas grand-chose. « Il n'est pas rentable, car ne fait pas de chiffre », expression que lui sert son officier pendant la notation. Il tente un recours, qui ne donnera rien. Après plusieurs mois, Christophe remonte la pente et souhaite quitter Paris.

Cela fait cinq ans qu'il y vit et un peu de changement lui ferait du bien. Avec sa compagne, ils décident de partir à Marseille. Après l'attaque du train de Nice au Nouvel An 2005, le ministre de l'Intérieur Nicolas Sarkozy ordonne la création d'une police des transports en Paca. Christophe saisit sa chance et appelle Marseille, demandant à intégrer ce service au vu de ses compétences acquises précédemment dans le métro parisien. L'attribution des postes est faite : il part au pôle ferré du service interdépartemental de sécurisation des transports en commun (SISTC). Il est enchanté, il n'y a aucune « servitude[18] » et il continue de faire le même travail qu'à Paris, mais au soleil. Son officier est un commandant humain, très apprécié à Marseille, qui leur laisse une grande autonomie. Il a vu les notations dans son dossier individuel, mais il est sûr que Christophe va lui prouver que ses précédents officiers ont eu tort. Et c'est ce qui se passe. Ses notations grimpent en flèche avec des rapports de comportement très élogieux. Il est apprécié de ses collègues pour son bon état esprit et sa bonne humeur.

En 2007, il passe ses qualifications de brigadier, mais ne sera nommé que six ans plus tard. Les avancements, en moyenne 200 euros de plus par mois pour le fonctionnaire, se font en fonction des postes budgétaires. Il y a moins de postes à pourvoir que de personnes ayant réussi les qualifications, donc c'est l'ancienneté de l'examen qui devient le critère utilisé, avec ses exceptions : les syndicats font par exemple passer d'autres fonctionnaires avant lui parce qu'ils approchent de la retraite (alors qu'ils ont passé leurs qualifications après Christophe).

Début 2009, leur première fille voit le jour. À la même période, l'affaire de la BAC nord éclate. La presse s'en empare. Cette histoire éponyme, interprétée au cinéma, est emblématique à bien des égards, pourtant les conséquences de cette dernière sont passées sous les radars. Dans les mois qui suivent, un changement de hiérarchie est opéré dans le

18. Pas de garde barrière, pas de garde statique, etc.

service de Christophe. Le commandant, le chef du service, est affecté avec son adjoint à la nouvelle BAC Marseille pour y créer une nouvelle unité après dissolution de l'ancienne. À sa place arrivent un nouveau commandant et son adjoint, ancien officier de la BAC nord…

Leur arrivée coïncide avec l'intensification de la demande statistique et une mise en application zélée de la politique du chiffre, entraînant une rivalité entre les effectifs du pôle ferré et ceux du pôle urbain. La hiérarchie demande 20 interpellations par mois.

L'OURAGAN DE LA GARE SAINT-CHARLES

Christophe est alors passionné par son travail. Il aime courir après les délinquants dans les couloirs du métro et les rues de Marseille. En 2013, un groupe civil de 15 effectifs répartis en trois groupes opérationnels de sécurisation (GOS) est créé, spécialement compétent pour les pickpockets et les vols avec violences dans les transports. Il devient l'adjoint d'un des trois groupes. Un après-midi, un des membres de son groupe vient le voir et lui demande si le chef de groupe fume du shit, car il vient de le voir saisir du stup sur un jeune lors d'un contrôle sans l'avoir interpellé. C'est du vol. Christophe va voir son chef, n'ayant pas été témoin des faits, il lui demande, si c'est vrai, de cesser immédiatement les saisies.

Plus discrètement, la pratique persiste. Christophe informe l'officier et le chef de groupe est déplacé dans un autre service. Christophe est alors nommé à sa place.

Certains policiers testent ce nouveau chef et sa nouvelle fonction. L'un d'eux demande à Christophe s'il a une arme factice toujours sur lui. Christophe lui répond que non. Alors il lui explique une combine de son ancien groupe : en cas de bavure, ils mettent l'arme dans la main de la personne abattue et peuvent invoquer la légitime défense en se mettant d'accord. Christophe ne veut pas être impliqué dans ce qui ressemble à un scénario de film de voyous.

Sa position est très claire : les ripoux n'ont pas leur place dans le groupe. Au fil du temps se développent certaines tensions. Dans la maison, ça ne se fait pas de critiquer ouvertement les comportements des collègues.

Après les attentats de *Charlie Hebdo* par les frères Kouachi, la police est en alerte. Un dimanche soir, en fin de service, Christophe est dans la salle de repos, au sous-sol, avec une petite dizaine de personnes, dont trois membres de son groupe. C'est un moment de détente qu'ils apprécient tous car ils peuvent relâcher leur vigilance et ils y sont en sécurité. À la fin du repas, un policier le tire brutalement en arrière, une main se pose sur son front et son couteau, quelques secondes auparavant encore dans son assiette, se retrouve sur sa gorge. Il est bloqué. Une voix forte se fait entendre : « Oh, le GOS, je peux faire ce que je veux à votre chef, personne ne réagit ? »

Christophe reconnaît immédiatement la voix d'un chef de groupe du pôle urbain, Jean-Louis A. Il est littéralement tétanisé. Personne ne rit, personne n'intervient, personne ne commente. Il ne réagit pas tellement la situation est surréaliste.

Le lendemain, rebelote, avec un peu plus de personnes dans la salle. Même scène, mais plus agressive : « Ça fait deux fois que j'ai l'occasion de tuer votre chef et toujours aucune réaction du GOS. C'est quoi cette cohésion ? Je vous en débarrasse alors ? »

Si le corps de Christophe ne peut pas bouger, figé par la violence de la situation, sa tête tente d'envisager des options de survie. Il pense à sa famille, et subit cette agression jusqu'à ce qu'elle se termine. Sans réponse des fonctionnaires, Jean-Louis A. repose le couteau, puis pose sa main sur l'épaule de Christophe en le raillant : « C'est déjà la deuxième fois, il va se passer quoi à la troisième ? »

À nouveau, personne ne rit, n'intervient, ni ne commente, mais cette fois-ci les regards sont agressifs. Christophe passe la fin de service à tourner dans la gare, seul, les trois membres de son groupe devant lui, sans pouvoir parler, toujours sous le choc et craignant pour sa sécurité. Il ne comprend pas pourquoi ce fonctionnaire qu'il ne connaît que de vue le harcèle ainsi.

De retour chez lui, la nuit blanche qui suit le décide à écrire un rapport. Mais il s'effondre dès les premières lignes. Il garde sa seconde fille, alors âgée de 9 mois, la tient dans ses bras, la repose dans le transat et explose. Il appelle Stéphanie, qui rentre immédiatement à la maison. Il appelle le représentant de son syndicat Unité SGP, en pleurs, hurlant plus qu'expliquant ce qui s'est passé. Il se trouve que l'agresseur est adhérent du même syndicat. Le représentant raccroche pour se renseigner et le rappelle plus tard pour lui dire que c'était une blague…

Le surlendemain, il va voir son médecin et cette dernière lui explique qu'il a subi un choc post-traumatique, que c'est considéré comme un accident de travail entraînant *de facto* un arrêt maladie, son premier en 10 ans à Marseille. Le lendemain, le psychologue du SSPO confirme le diagnostic du médecin.

Christophe avise sa hiérarchie. Elle lui demande d'écrire un rapport, ce qu'il fait. Quelques jours plus tard, le représentant syndical lui écrit qu'il ne pensait pas qu'il irait aussi loin, et qu'avec un bon repos et du recul il pourrait accepter cette plaisanterie, même si elle était de mauvais goût. Il lui explique qu'il ne serait pas raisonnable d'entrer dans la spirale administrative, voire disciplinaire, qui laisserait des traces pour chacun et pour le service. Christophe lui répond qu'il se fiche de son avis ou de savoir s'il est d'accord, qu'il s'est fait agresser et que c'est grave.

Un mois plus tard, alors que Christophe est toujours en arrêt maladie, le représentant syndical l'informe par e-mail qu'il a choisi de représenter le mis en cause dans l'enquête administrative, que tout le service jusqu'au chef d'état-major est contre lui, qu'un changement d'affectation serait souhaitable et s'engage à lui rendre son chèque d'adhésion.

L'enquête administrative diligentée par le cabinet de discipline n'aboutit pas, les témoins ne sont pas entendus et racontent leur version par rapport, rédigé quasiment le même jour : « Je n'ai rien vu, il ne s'est rien passé, en tant que policier si j'avais vu quelque chose, je serais intervenu. »

Ils classent la procédure en se fondant sur le fait qu'aucune blessure n'est visible sur la gorge de Christophe, occultant ainsi les blessures psychologiques. Heureusement, son médecin traitant a rédigé un certificat médical décrivant son état de santé et les huit jours d'incapacité temporaire de travail, ou ITT, après les agressions subies. Christophe le transmet à l'enquêteur du cabinet de discipline qui est saisi par l'administration pour le volet administratif et par le parquet pour le volet pénal. En tant qu'officier de police judiciaire, l'enquêteur aurait dû faire confirmer le diagnostic par un médecin légiste pour que l'état de santé de Christophe soit reconnu pénalement. C'est la base d'une procédure judiciaire pour des faits de violences, mais cela n'a pas été fait. Malgré les déclarations non concordantes de Christophe et de son agresseur, aucune confrontation n'a été faite.

En mai 2015, avec l'aide du SSPO et de l'assistante sociale, Christophe obtient sa mutation au commissariat du 8e arrondissement de Marseille, au groupe d'appui judiciaire (GAJ), qui s'occupe presque exclusivement de prendre les plaintes et de gérer de petits dossiers judiciaires.

Le 7 juillet 2015, le délégué syndical Unité SGP lui annonce par e-mail que l'affaire a bien été « étouffée » et qu'il a fait son possible pour sa mutation. Christophe sait qu'en réalité c'est le service de l'action sociale, en lien avec le psychologue, qui a réussi à lui obtenir cette mutation. À réception de ce courriel, Christophe contacte le cabinet de discipline afin que le document soit annexé à la procédure judiciaire. Le syndicaliste ne sera jamais entendu sur ces déclarations.

Au pénal, l'affaire sera également classée 11 (absence d'infraction), se fondant sur l'enquête administrative disant qu'il ne s'est rien passé.

Le syndicat encaisse le chèque d'adhésion une fois l'affaire classée et son représentant du personnel renvoie Christophe vers le représentant du secteur sud de Marseille. S'il a un problème, c'est avec eux qu'il faudra se mettre en contact.

Depuis ces agressions le quotidien de Christophe est complètement bouleversé, il ne dort plus correctement, fait des cauchemars, revit les scènes d'agression en boucle, il est en insécurité et en hypervigilance en permanence. Un objet qui tombe au sol, une porte qui claque, un cri, il sursaute. Il ne peut plus se rendre gare Saint-Charles, ni dans les transports en commun, c'est viscéral, il craint de rencontrer ses agresseurs. Dès qu'il croise une patrouille de police, son cœur accélère, il sent des angoisses l'envahir et baisse le regard.

Christophe prend son nouveau poste en octobre 2015, soit après huit mois d'arrêt. Il arrive au GAJ en position IVP, donc désarmé. Il bénéficie cependant du soutien d'un allié. Le psychologue s'implique beaucoup et vient dans son service, en toute discrétion, pour faciliter son accompagnement. Christophe effectue son travail aux plaintes, il s'implique, s'investit dans la gestion des procédures qui lui sont attribuées. Dans le même temps, éprouvé par cette histoire et les méandres de la non-enquête, il peine à avoir de nouvelles perspectives dans son métier à Marseille. Il décide alors de monter un dossier de demande de mutation dérogatoire médicale[19] pour partir. Il pense qu'il n'y arrivera

19. La mutation dérogatoire à caractère médical permet d'obtenir une mutation dans un autre service en raison de la santé du policier.

pas sans l'appui du syndicat. Il contacte le délégué départemental Unité SGP, afin qu'il l'épaule dans cette démarche. Ce dernier l'informe qu'il s'est entretenu avec l'adjoint de la DDSP au sujet de cette demande de mutation, et que ce dernier lui a affirmé qu'il y mettrait un avis favorable pour la commission qui aura lieu mi-mars 2016.

Le représentant du personnel attend cette échéance pour finalement l'informer que son dossier n'as pas été présenté à la commission médicale suite à l'avis défavorable du DDSP 13. Cette nouvelle porte un coup rude à Christophe, qui s'est isolé sur le toit du commissariat pour téléphoner. Il espérait de cette commission la mutation qui lui offrirait une lumière au bout du tunnel. Submergé par la détresse, il se met à hurler. Il est alors pris en charge par des policiers du GAJ, puis par les marins-pompiers. Entre-temps, le délégué syndical, choqué, a contacté le service social dépendant du DTSP, afin de l'informer de la situation. Plus tard, il dira à Christophe qu'il n'avait jamais entendu quelqu'un dans un tel désespoir et qu'il avait imaginé le pire après avoir raccroché.

Après deux mois d'arrêt, il reste IVP un mois avant la restitution de son arme. Il manque un chargeur. La hiérarchie nie l'avoir récupéré. Les officiers lui mettent la pression, lui demandant un rapport en lui disant qu'il risque d'avoir un blâme[20], reportant son projet de changement de service.

Christophe ne se laisse pas faire. Un autre major lui conseille de porter plainte contre X pour vol. Hasard du

20. Un blâme est une sanction qui bloque un fonctionnaire trois ans pour une mutation nationale.

calendrier, le commissariat déménage. C'est l'occasion de préparer les cartons et de retrouver le chargeur perdu dans le tiroir de bureau d'un officier.

Il tente une deuxième fois d'obtenir une mutation dérogatoire pour les mêmes motifs. Sans succès. La hiérarchie locale ne transmet pas ses demandes à Paris.

En 2016, il reçoit sa notation de 2015, faite par un major du SISTC, qui n'est pas son N + 1 correspondant à l'année 2014 (une pratique courante, mais pas légale). Sa note est baissée d'un point, il est passé d'excellent élément à incompétent. Cette note est signée plus d'un an après et sans entretien. Il fait une demande de recours gracieux qui reste sans réponse. Il fait un recours au tribunal administratif et obtient l'annulation de cette note. Elle ne sera pas refaite mais disparaîtra de son dossier individuel.

PREMIER PASSAGE DEVANT LA COMMISSION DE RÉFORME

Christophe passe en commission de réforme interdépartementale à propos de l'imputabilité au service pour les agressions des 15 et 16 février 2015. Il pense qu'enfin une commission neutre va prendre son état en compte et qu'il sera reconnu.

Il se présente, sans représentant, et se retrouve à attendre avec d'autres collègues. Quand on l'appelle, une dizaine de personnes, délégués syndicaux compris, sont assises autour de plusieurs tables formant un grand rectangle. Il reconnaît deux délégués de son syndicat.

Une femme se présente comme présidente de la commission et un homme comme médecin inspecteur général de la zone de défense sud. On demande à Christophe de s'expliquer, ce qu'il fait. Il se rend rapidement compte que la commission ne statue pas sur son état mais sur les faits. Alors il tente de rappeler que cette commission est saisie pour constater son état et non pas pour résoudre l'affaire, d'autres services étant compétents pour cela. Il est laissé seul dans l'arène, aucun délégué syndical ne lui vient en aide.

Dans ses affaires, il a décidé d'apporter le couteau avec lequel il a été agressé. Il ouvre son classeur et sort la lame dentée de 20 centimètres, habituellement utilisée pour couper les ceintures de sécurité en cas d'accident de la route. Il l'ouvre, le pose sur la table et le fait glisser lentement dans leur direction.

« Monsieur, je vais vous demander, poliment, si je peux me lever, prendre ce couteau, me positionner derrière vous et placer sa lame sur votre gorge, juste pour rire. Je ne vais rien vous faire, on va juste rire. En plus, je vous préviens, moi, je n'ai pas eu le choix, on m'a mis ce couteau deux fois sous la gorge en me prenant par-derrière et par surprise. »

Il refuse. Silence complet dans l'assemblée. Un des délégués syndicaux Unité SGP lui demande d'enlever le couteau de la table, car ça le gêne. Christophe le range dans son classeur. On lui demande ensuite de sortir pour délibération. Dix minutes plus tard, la commission ne reconnaît pas les agressions comme imputables au service, signalant l'absence de lien direct et certain avec celui-ci.

Christophe est sidéré, c'est une décision injuste qu'il a bien l'intention de contester.

LE COMBAT SE POURSUIT

Déterminé à obtenir gain de cause, il saisit le médiateur de la Police nationale, qui détache un membre de son service pour mener une enquête. Il en ressort qu'il s'agit bien d'un accident de travail. Par ailleurs, il est fait mention que si Christophe ne peut apporter de preuve que son état est lié au service, l'administration n'a pas non plus véritablement établi qu'il n'existe pas de lien direct entre son état et le congé maladie. Le médiateur demande une nouvelle commission de réforme.

Christophe change de syndicat en 2017 et passe chez Alliance, qui, avisé des faits, décide de ne pas se positionner, n'ayant pas été présent dès le départ. Il se retrouve donc une nouvelle fois syndiqué, mais seul.

Lors du deuxième passage en commission, le 23 février 2017, une seule chose a changé : les membres de la commission ne rendent plus de décision le jour même. Elle est envoyée par courrier au domicile.

Christophe sort de cette commission éprouvé, ayant compris que la décision sera la même. Décidé à aller jusqu'au bout pour faire reconnaître l'accident de travail, Christophe saisit alors le tribunal administratif, toujours sans avocat et sans l'aide d'un syndicat. Le 4 décembre 2018, il obtient l'annulation des arrêtés pour non-imputabilité au service. Il signe alors un troisème arrêté annulant les deux précédents, confirmant que son choc post-traumatique est bien reconnu comme étant un accident de travail. Cette décision du tribunal administratif peut désormais servir de jurisprudence à d'autres fonctionnaires dans la même situation. Le tribunal administratif rappelle que la commission de réforme interdépartementale ne rend que des avis consultatifs et que l'administration n'a pas prouvé de faute personnelle ou toute autre circonstance de nature à détacher l'incident du service.

Cette décision oblige l'administration à reconnaître cette imputabilité au service, ce qui a pour conséquence d'obliger à son tour le secrétariat général pour l'administration du ministère de l'Intérieur (Sgami) à nommer un expert psychiatre, qui fait un rapport attribuant 8 % d'allocation temporaire d'invalidité.

LA LUMIÈRE AU BOUT DU TUNNEL ?

N'arrivant toujours pas à obtenir sa mutation dérogatoire, Christophe fait des projets pour avancer. Il part préparer son examen pour être OPJ en juin 2018. Pendant son stage, il passe une semaine à la brigade des mineurs, qu'il découvre, où il s'investit à fond. Il sait que sa haute hiérarchie fait tout ce qu'elle peut pour qu'il ne quitte pas Marseille, alors il change son fusil d'épaule et décide de demander sa mutation dans ce nouveau service. Christophe est affecté à l'unité départementale de protection de la famille de la SD des Bouches-du-Rhône (brigade des mineurs) début septembre 2018. Cette unité est dirigée par le commandant D. et son adjoint, le capitaine Luc P. Le numéro trois est un major proche du départ à la retraite.

La brigade des mineurs est composée de quatre groupes de six fonctionnaires. Christophe arrive dans le groupe 2, avec Jérémy H., qui est président d'une association caritative aidant les enfants des rues à se scolariser et à sortir de la prostitution aux Philippines. Cependant, Christophe ainsi qu'un autre membre de la brigade se posent des questions sur le comportement parfois étrange de Jérémy H. et son rôle dans l'association.

En janvier 2020, Christophe devient l'adjoint de Mélissa B. Il est nommé brigadier-chef en juillet de la même année.

En septembre 2020, lors d'un remaniement interne du service, Sabrina X. et Laurie J. arrivent dans le groupe, qui est alors composé de cinq fonctionnaires.

PREMIERS SOUPÇONS DE CORRUPTION DE MINEUR

Au même moment, un dossier de violences sexuelles concernant un jeune de 15 ans, victime de prostitution, est attribué à Jérémy H. Quelques jours plus tard, le directeur du foyer dans lequel ce jeune est placé interpelle le commandant à propos de messages étranges envoyés par Jérémy H. à ce jeune garçon. Le commandant demande à ce dernier de s'expliquer. Il dit avoir voulu créer un lien avec le jeune, mais qu'il est conscient du fait qu'il est hors cadre et qu'il n'aurait pas dû faire ça.

Juste après, Jérémy H. et certains anciens de la brigade, dont la major de police Marine L., partent marcher quelques jours sur le chemin vers Saint-Jacques-de-Compostelle, séjour prévu depuis plusieurs mois.

Le commandant Luc P. décide de dessaisir Jérémy H. de l'affaire et d'attribuer ce dossier à Mélissa B., qui ne veut pas s'en occuper et l'impose à Christophe.

Il demande à voir les messages, et le commandant lui montre les captures d'écran sur son ordinateur en lui disant : « Ça va te glacer le sang. » La teneur des échanges est telle que l'on peut légitimement soupçonner le collègue, policier à l'apparence modèle, de tentative de corruption de mineur. Pour le dire autrement, ce type de messages à une heure tardive permet l'ouverture d'une enquête préliminaire, *a minima* pour détournement des données personnelles d'une victime à défaut d'une tentative de corruption de mineur si l'auteur des messages est un citoyen lambda.

Luc P. explique à Christophe que le téléphone utilisé par Jérémy H. lors des échanges est inconnu de l'administration. Ayant été officier aux Stups, il pense que ça pourrait être un « TOC » ou un « téléphone patate », c'est-à-dire un téléphone à crédit prépayé, non enregistré, impossible à tracer.

Christophe demande à plusieurs reprises si une enquête est en cours sur la base de l'article 40 du Code de procédure pénale. Constatant que ce n'est pas le cas et étant le supérieur hiérarchique de Jérémy H., Christophe demande à être dessaisi de ce dossier, mais le commandant refuse. Pour l'ouverture de l'enquête, il lui répond que Marine L. étant avec Jérémy H., elle va se renseigner, ils aviseront à son retour. Mélissa B. ne se mêle de rien et ne répond rien. Pour lui, le doute n'a pas sa place dans la brigade. Jérémy H. étant au courant que les SMS ont atterri à la brigade, Christophe fait part de ses craintes au commandant, lui suggérant qu'il serait peut-être judicieux de déclencher l'enquête directement à son retour. Celle-ci permettrait une perquisition à son domicile, la saisie de l'ensemble du matériel informatique pour le faire analyser, la recherche d'objets, de traces ou d'indices en lien avec les faits reprochés, voire d'autres infractions. Elle permettrait également de l'auditionner, de le confronter avec le mineur et de procéder à une analyse de ses échanges téléphoniques, etc. Bref, cela ne lui laisserait aucune marge de manœuvre. Pour un simple citoyen, une enquête serait déjà ouverte, il devrait en être de même pour un fonctionnaire exerçant ses responsabilités au sein d'une brigade des mineurs.

À son retour, Jérémy H. censé ignorer le dossier judiciaire, projette à voix haute d'effacer son cloud.

Pas de nouvelles de l'enquête. Christophe demande à la capitaine, qui lui répond : « Jérémy H., j'en ai rien à foutre, j'ai un crédit maison et un enfant à nourrir », puis, plus tard : « On le croit, on ne fait rien, au pire vous le surveillez. » Sa chef de groupe lui demande à plusieurs reprises d'arrêter de « gratter ».

Entre-temps, à la suite de l'audition du mineur, d'autres éléments apparaissent qui renforcent la conviction de Christophe. Il avertit à nouveau sa hiérarchie et Mélissa B. finit par lui dire que l'enquête contre Jérémy H. est en cours.

PAS D'ENQUÊTE

En novembre 2020, il ne se passe toujours rien. Le directeur du foyer n'a pas été entendu, ni le jeune. Christophe comprend qu'aucune enquête n'est en cours. Jérémy H. semble bénéficier du totem d'immunité et Christophe a en prime l'intuition que ce dernier consulte la procédure concernant les violences sexuelles sur le jeune pour en connaître les avancées. Cette affaire étant constituée de trois faits différents, par sécurité, Christophe partitionne en trois procédures afin d'obtenir d'autres numéros et être sûr que Jérémy H. n'aura pas accès à la globalité. Il pourrait mettre la procédure au coffre (c'est-à-dire la sécuriser par un mot de passe), mais Jérémy H. s'en rendrait compte.

Fin janvier 2021, n'ayant toujours pas eu les captures d'écran de la part du commandant Luc P., Christophe fait venir l'éducatrice spécialisée pour une audition au cours de laquelle il apprend qu'elle a vu les messages. Elle ne peut cependant pas les lui fournir, car elle les a transmis à son directeur, alors en arrêt maladie. Christophe prend soin de mentionner le nom de Jérémy H. sur l'audition de l'éducatrice. Il acte également un « avis hiérarchie » nommant le commandant sur le PV. Ce faisant, il rend compte officiellement à sa hiérarchie des avancées dans l'enquête. Ils ne peuvent plus faire comme s'ils ne savaient pas. Maintenant que les éléments pouvant être constitutifs de corruption de mineur sont écrits en procédure, le commandant Luc P. n'aura plus le choix, il devra faire un signalement pour qu'une enquête soit enfin ouverte ! Christophe présente donc une copie du PV en main propre à sa hiérarchie directe, en l'occurrence Marine L. Elle lui demande d'enlever le mot « louche » de l'audition, car « ça fait pédophile ». S'agissant des mots utilisés par l'éducatrice, Christophe refuse et la capitaine Charlotte A., qui se trouve dans le même bureau, l'appuie.

Le lendemain, Christophe, qui est en congés, apprend par Sabrina X., la collègue de bureau de Jérémy H., que ce dernier est arrivé avec ledit PV à la main, furieux, traitant Christophe de tous les noms. Elle ne comprend pas, car elle n'est pas au courant, la hiérarchie ayant demandé à la chef de groupe et Christophe de tenir le secret concernant cette affaire. Comment Jérémy H. peut-il obtenir le PV, sachant qu'il n'y a pas accès ?

PREMIERS FAUX EN ÉCRITURE

C'est seulement fin janvier-début février 2021 que le commandant Luc P. fait retranscrire à Jérémy H. tous les messages des captures d'écran sur un PV daté du 14 septembre 2020, antidaté, donc faux… Cela sans informer ni demander son avis à Christophe, qui est pourtant l'unique enquêteur de ce dossier.

De même, le commandant Luc P. notifie à Jérémy H. une lettre de mise en garde, antidatée également. Ainsi, il se couvre de n'avoir rien fait depuis septembre 2020. Une lettre de mise en garde n'est pas une sanction, elle reste dans le dossier individuel du fonctionnaire dans le service, mais pas dans celui à la DRCPN. Un avertissement est beaucoup plus officiel, car circonstancié et signé par le DDSP. Le commandant peut cependant justifier à travers elle qu'il a quand même fait quelque chose.

Christophe poursuit son travail d'enquête et finit par identifier le numéro TOC utilisé par Jérémy H. Il a demandé préalablement l'autorisation au magistrat de consulter la fadette[21] du téléphone du mineur pour les besoins de l'enquête initiale. Il peut ensuite lancer une requête judiciaire *via* la plateforme nationale des interceptions judiciaires (PNIJ). Il se rend compte que les messages retranscrits s'arrêtent au 3 septembre, alors qu'en réalité la fadette indique des messages jusqu'au 11 septembre… *Quid* des messages entre ces deux dates ? Christophe prévient le commandant de sa démarche. Il lui indique que les informations sont erronées puisque Jérémy H. n'a répondu qu'aux preuves que le directeur du foyer lui avait montrées et n'a pas mentionné le reste des messages.

Deux jours après, le commandant Luc P. lui demande de venir dans son bureau pour visualiser l'ensemble des échanges entre Jérémy H. et le mineur. La capitaine Charlotte A. est présente et reste interdite. Le commandant demande à cette dernière : « Comment la chef de groupe n'est pas au courant qu'il a fait de la PNIJ sur Jérémy H. ? »

Christophe décide de continuer à enquêter seul, les laissant prendre leurs responsabilités, et constate que les messages découverts entre le 3 et le 11 septembre apparaissent maintenant dans le PV de retranscription antidatée.

Fin février 2021, Christophe sait que Mélissa B. va partir quelques mois pour des raisons personnelles, Jérémy H. le sait aussi. Il lui demande de faire les notations de l'année

21. Facture détaillée de l'ensemble des communications du propriétaire de la ligne téléphonique.

précédente, ce qu'elle fait, et de les envoyer à la capitaine Charlotte A., qui les valide et les renvoie pour la signature du patron.

Le 8 mars 2021, Mélissa B. n'est plus là. Les filles entendent des bruits de couloir disant que Jérémy H. se plaint de son groupe « qui lui met la misère ». Christophe comprend qu'il œuvre pour chercher un autre groupe.

LA GOUTTE D'EAU QUI FAIT DÉBORDER LE VASE

Le 12 mars 2021, Sabrina X. et Laurie J. demandent à Christophe de discuter avec Jérémy H. pour qu'il se justifie des propos qu'il tient dans le service contre elles. Il va voir Jérémy H. dans son bureau et devant Sabrina X. lui parle de ces rumeurs.

Jérémy H. demande qu'une réunion se tienne, et ils se retrouvent à quatre dans le bureau. C'est là que Jérémy H. explique qu'il demande à partir, qu'il est traité de pédophile à cause de Christophe. Ce dernier voit rouge. Ça fait six mois qu'il se contient, et qu'il a bien compris que la hiérarchie ne ferait rien malgré ce qu'elle lui laisse croire. Jérémy H. joue la victime. N'y tenant plus, Christophe se lève brutalement et renverse le bureau sur Jérémy H. Puis il disparaît afin de reprendre ses esprits. Marine L. passe devant son bureau et déclare : « Toi, tu n'es pas passé à autre chose, donc on va vous séparer. Vu que tu es adjoint, tu restes là et Jérémy H. va changer de groupe. »

Marine L. renvoie Jérémy H. chez lui, lui demandant de laisser son arme au service.

Ceux qui n'étaient pas au courant de cette histoire jusqu'ici le sont désormais. Toute la brigade se retrouve divisée. La majorité prend parti pour Jérémy H. Le SSPO est déclenché. La brigade est à feu et à sang. Tout le monde explose, demandant des comptes aux officiers, qui décident de leur montrer groupe par groupe les échanges SMS.

Au milieu du chaos, quelques rares collègues d'autres groupes lui manifestent quand même du soutien. Or, ce soutien est important pour Christophe, car Jérémy H. continue de se servir de cet événement pour le faire passer pour un excité. Cette réputation que Jérémy H. est en train de lui faire est dure à vivre, mais ce travail de sape le conforte dans l'idée qu'il a raison.

L'IGPN EST ENFIN SAISIE

Le 16 mars, à son grand soulagement, Christophe est enfin dessaisi des dossiers mettant en cause Jérémy H. Il y a d'autres services qui sont compétents pour ça et, au premier chef, l'IGPN, censée enquêter sur les infractions supposées commises par des fonctionnaires de police. Il arrive régulièrement que les services de police aient un état-major traitant les « affaires réservées » concernant les petites infractions judiciaires ou les manquements relevés dans un cadre administratif contre des fonctionnaires de police. Là, il s'agit de soupçon de corruption de mineur par un agent de la brigade des mineurs, qui est par ailleurs président d'une association aux Philippines ! Comment le patron du service n'a-t-il pas trouvé judicieux de saisir le parquet ? À charge pour la justice de saisir un autre service compétent et impartial ! Ou alors il n'était pas au courant, ce qui signifie que le commandant a tu cette histoire, au moins au début. Après, quand il a lu le PV rédigé par Christophe, mettant directement en cause Jérémy H., il a forcément dû lui en parler. Toutes ces personnes ont donc choisi de ne pas saisir la justice de ces faits, ni un autre service en interne. Pourquoi ? Parce que l'« omerta », c'est ça. C'est faire en sorte que les problèmes remontent le moins possible et que personne ne sache ce qui se passe, surtout pas la presse.

Une demande de rapport est faite à Christophe, Sabrina X., Laurie J. et Jérémy H. Au vu de la suite des événements, l'hypothèse la plus probable est que c'est à ce moment-là que le commandant Luc P. saisit le parquet et, quelques jours plus tard, l'IGPN… Il aura fallu six mois !

Les enquêteurs de l'IGPN font malgré eux leur enquête sur la base d'un PV de retranscription donnant l'impression que le fonctionnaire a été transparent, honnête, depuis le début de l'affaire, en signalant lui-même les échanges avec le mineur à sa hiérarchie, ce qui n'est évidemment pas le cas.

Alors que Jérémy H. est en arrêt maladie, la capitaine Charlotte A. demande à Christophe s'il est capable de continuer de travailler et de se contenir avec Jérémy H. Il répond par la négative et apprend plus tard que le commandant Luc P. et Charlotte A. ont convié Jérémy H. au domicile personnel du commandant pour lui annoncer qu'il ne reprendrait pas son service à la brigade des mineurs mais au service de l'habitat indigne.

Ils ne sont donc plus que trois dans le groupe depuis le 15 mars : Christophe, Sabrina X. et Laurie J. La hiérarchie leur donne des commissions rogatoires supplémentaires. Christophe alerte sur la charge de travail et l'état des troupes. *A priori* pas assez fort. Les délégués de service du syndicat Alliance veulent éviter les vagues et se contentent d'un : « On comprend, mais on ne peut rien faire. » Il y aura peut-être des renforts en septembre…

Christophe tente un dialogue avec la hiérarchie.

PREMIER AVERTISSEMENT

Le 20 avril 2021, l'adjoint du chef de la SD reçoit Christophe pour lui notifier un avertissement[22] en raison de son « comportement indigne » lorsqu'il a renversé le bureau sur Jérémy H. Christophe lui explique que c'est injuste, Jérémy H. reçoit une lettre de mise en garde[23] pour une infraction plus grave. Le commissaire lui fait la morale. Christophe lui explique qu'il n'écoutera plus sa hiérarchie et que la prochaine fois, il avisera lui-même le parquet. Le commissaire s'enfonce dans son siège et le met en garde. Christophe signale que Jérémy H. n'a rien à faire dans la police, puis signe l'avertissement et part sans demander son reste. Il ne fera pas de recours.

---

22. Sanction du premier groupe, qui a des conséquences directes sur la future notation pour l'attribution des primes ou encore pour faire partie du tableau d'avancement. Voir annexe II : « La procédure disciplinaire ».

23. La lettre de mise en garde n'est pas une sanction, elle reste dans le service et ne sert que, s'il y en a plusieurs, à justifier une baisse de notation.

LA BLESSURE EN SERVICE

Le 11 mai 2021, Laurie J., Sabrina X. et Christophe sont de semaine « flag ». Il est 11 h 30, ils terminent un déférement[24] après les quarante-huit heures de garde à vue. Le commandant appelle Christophe pour lui demander d'emmener le procureur chez un particulier dans le cadre d'un dossier afin d'effectuer des vérifications après la chute accidentelle d'un enfant d'un balcon. Christophe signale au commandant que leurs gilets pare-balles sont au service. Ils sont armés, avec des menottes, mais n'ont par ailleurs aucun document judiciaire pour procéder à une éventuelle garde à vue, et aucun PV de saisine[25] encadrant cette affaire. Bref, ce n'est pas bon. Ils travaillent tous les trois non-stop depuis la veille, sans avoir eu le temps de déjeuner et sont rentrés à 22 heures chez eux. Ils sont fatigués, sur les nerfs et demandent qu'un autre groupe soit saisi. Sans succès. En arrivant, la situation est déjà tendue. Christophe reçoit un appel du commandant, qui lui dit qu'il va faire un mini-apéro entre midi et deux avec les collègues et qu'il mettra les restes au frais.

La substitut du procureur demande rapidement la mise en garde à vue du père. Christophe le voit courir vers la baie

---

24. Le déférement est une mesure de contrainte qui intervient, à l'issue de la garde à vue, à la demande du procureur de la République ou du juge. Le magistrat exige que l'individu lui soit présenté directement par les policiers au tribunal. Cela peut durer plusieurs heures. Il faut aller au tribunal, laisser l'individu au dépôt, apporter la procédure au greffe, etc. Et cela sans prendre en compte l'attente, puisque tous les services judiciaires déferent en même temps et au même endroit.

25. La saisine permet à un service d'être désigné compétent pour mener une enquête. Sans saisine, cela signifie qu'il n'y a pas de cadre d'enquête et, donc, pas de compétence du service.

vitrée et tente de se mettre en travers. Une fois attrapé, il le maintient au sol, bientôt aidé de ses collègues. La substitut est en panique. Le père se met à crier, des voisins entrent, insultent la substitut avant de repartir, la pagaille est totale.

Christophe se démène pour maîtriser le mis en cause. Ils finissent par obtenir l'envoi d'un équipage de la BST en renfort. Le bilan n'est pas fameux : Christophe a une entorse aux cervicales et au pouce, Laurie J. un traumatisme crânien et Sabrina X. une entorse à la cheville. Ils sont transportés par les marins-pompiers aux urgences.

Les filles sont mises en « blessure en service », ou « BS », jusqu'à fin juin, lui jusqu'au 21 juillet. En tout cas, leur groupe n'existe plus.

Pendant ce temps, Jérémy H. raconte ses histoires, se victimise sur Facebook, fait des sondages dans ses *stories* pour demander s'il doit transmettre un rapport de cinq pages écrit contre Christophe, l'insulte ainsi que la hiérarchie. Christophe alerte Mélissa B., mais rien n'est fait.

Christophe et les filles finissent par saisir la médecine du travail pour raconter l'isolement qu'ils subissent depuis des mois. Le service obtient deux effectifs en plus au 31 mai.

PREMIÈRE GARDE À VUE POUR JÉRÉMY H.

Fin juin 2021, Christophe apprend que Jérémy H. est mis en garde à vue par l'IGPN pour les faits de tentative de corruption de mineur, son matériel informatique est saisi. Il est convoqué à une comparution sur reconnaissance préalable de culpabilité (CRPC) pour avoir consulté le Système d'immatriculation des véhicules (SIV) sans cadre juridique. Le procureur classera l'affaire sans suite concernant le motif de corruption de mineur.

Jérémy H. se victimise encore dans son nouveau service et monte de plus en plus de personnes contre Christophe : on lui a collé l'étiquette de pédophile, alors qu'il est un fonctionnaire exemplaire ! Jérémy H. est confiant et serein, fanfaronne, l'IGPN ne trouvera rien dans son matériel informatique, en tout cas c'est ce qu'il croit.

Christophe reprend son travail en septembre après trois mois d'absence. Le groupe compte à nouveau six policiers. Mélissa B. a repris ses fonctions. Une grosse tension demeure palpable dans le service, de nombreuses personnes ne parlent plus à Christophe, et ce même dans d'autres groupes de l'hôtel de police.

SECONDE GARDE À VUE ET PRISON POUR JÉRÉMY H.

Le 16 septembre 2021, l'IGPN place à nouveau Jérémy H. en garde à vue avec perquisition chez lui et au service. Durant les quarante-huit heures de la garde à vue, Christophe est interrogé car Jérémy H. se défend de la présence d'images pédopornographiques dans son ordinateur privé en disant que ce sont des images de dossiers appartenant à Christophe.

Il s'explique et voit dans la marge de son PV d'audition la liste des faits reprochés à Jérémy H. : détention et diffusion d'images pédopornographiques, agression sexuelle imposée à un mineur de 15 ans et viol sur mineur de 15 ans. Pour Christophe, c'est un énorme soulagement.

Quand le commandant Luc P. est auditionné par l'IGPN, il interpelle Christophe : « Ce matin, j'ai été entendu pendant trois heures par tes copains de l'IGPN. »

Un peu plus tard, c'est Mélissa B. qui raconte les faits à deux autres collègues des Stups et, quand Christophe arrive dans son bureau, elle le pointe du doigt :

« Voilà, c'est lui, le délateur.

— Je ne suis pas d'accord, je préfère : c'est le collègue qui a permis de faire incarcérer un pédophile infiltré à la brigade des mineurs », répond Christophe du tac au tac.

Les deux collègues acquiescent et le félicitent. À l'issue de sa garde à vue, Jérémy H. est mis en examen et incarcéré aux Baumettes le temps nécessaire à l'instruction de la procédure. Il est présumé innocent dans l'attente de son jugement.

CONSÉQUENCES SUR LA CARRIÈRE DE CHRISTOPHE

Fin septembre, Christophe est le seul à ne pas avoir eu son entretien de notation. Il interpelle le commandant sur le fait qu'il n'a toujours pas signé sa notation. Elle est pourtant prête depuis le 24 février 2021. Christophe profite de cet entretien pour exposer son point de vue, il explique qu'il a toujours été loyal avec sa hiérarchie, disponible, volontaire, qu'il leur a toujours dit la vérité, qu'il les a toujours avertis de ce qu'il découvrait et ne comprend pas qu'ils n'aient pas voulu l'entendre et aient continué de protéger Jérémy H.

Il sait que l'avertissement a servi d'exemple pour l'unité, le commandant confirme que c'est ce qu'a voulu faire le patron, mais que lui était contre. Il signe sa note à 6 avec de très bonnes appréciations.

Certains collègues du service vont même jusqu'à demander que cet avertissement soit retiré et que Christophe soit félicité. Alors qu'il est dans son bureau, trois représentants syndicaux Alliance arrivent. Christophe leur raconte sa version de l'histoire. Les seules réponses qui lui sont faites sont : « On ne peut pas te féliciter d'avoir mis un collègue en prison » ; « En plus, tu n'as pas sauvé de vie » ; « Ça va, ton avertissement, il ne sera plus dans ton dossier dans un an »…

Dans les articles de journaux, c'est la version de la hiérarchie qui est mise en avant. Par exemple, dans le *JDD* du 26 septembre 2021, qui titre « Viol aux Philippines : comment le policier modèle de Marseille a été confondu », la journaliste écrit : *Selon une autre source policière, tout aurait démarré voilà quelques mois, quand un mineur hébergé en foyer est venu déposer plainte à la brigade des mineurs, un dossier pris en charge par [Jérémy H.]. Des messages écrits entre la jeune victime et le policier sont alors repérés par ses collègues. […] Alertée, la hiérarchie a néanmoins immédiatement changé le quadragénaire de service, tout en lançant une discrète enquête administrative. […] Toujours selon la même source policière, l'homme, se sachant surveillé, a tenté d'effacer les données compromettantes de ses ordinateurs. Mais les analyses ont révélé des photos et des vidéos pédopornographiques, dans lesquelles il se serait aussi mis en scène. Il a finalement été arrêté le 16 septembre au matin à l'Évêché, l'hôtel de police de Marseille, son lieu de travail…*

La source policière n'est autre que le représentant départemental du syndicat Alliance.

Un matin, dans le bureau de Mélissa B., lors d'une petite discussion autour du café en présence de tout le groupe, le commandant arrive dans le bureau. Christophe exprime le fait qu'il ne va pas bien, que le comportement de la hiérarchie et de membres de l'unité n'a pas été neutre, qu'il a été cloué au pilori et maltraité psychologiquement. Le commandant lui répond que dans des conflits il y a toujours le « bien » et le « mal » et que c'est comme ça. Christophe insiste : « Vous avez massacré le "bien" et protégé le "mal". Je vais demander à partir aux prochains mouvements profilés[26], je ne peux plus travailler avec des personnes qui ne réagissent pas lorsqu'il y a de quoi faire une enquête dans laquelle des enfants sont impliqués. Je n'ai plus confiance. D'autant que vous n'assumez même pas avoir commis des erreurs. »

Christophe a tenu le plus longtemps possible, mais là il est à bout.

Il n'a plus confiance. Il est isolé et rumine. Il fait le choix de laisser son arme au service, ne tenant pas à l'avoir chez lui. Il est arrêté pour dépression sévère.

Sa compagne le soutient, malgré ses coups de gueule, son irritabilité, ses sautes d'humeur. Elle sait qu'ils s'en sortiront mais qu'il faut être patient. Elle est bénévole dans une association marseillaise, Parole d'enfant, qui vient en aide aux

26. Possibilité de mutation en fonction des profils des policiers et des nécessités des services. Par exemple, un OPJ peut demander par cette voie une mutation dans un service judiciaire qui en a besoin.

enfants victimes de violences physiques et/ou sexuelles. Lors d'une assemblée générale, le président, Joanny Moulin, parle de l'affaire et propose que l'association se porte partie civile aux côtés d'Enfance et Partage contre Jérémy H. Stéphanie les informe alors que c'est son conjoint qui a permis cette arrestation. Le soutien moral de l'association et de ses membres est une lumière dans la nuit pour leur famille.

Fin janvier 2022, Christophe reçoit un appel de Mélissa B., qui lui explique qu'un nouveau collègue arrive dans le groupe début février. Christophe devient la cinquième roue du carrosse, une stratégie de harcèlement pour isoler les personnes déterminées à alerter des dysfonctionnements.

Christophe demande une mutation en dehors du Sgami de Marseille. Agnès, qu'il a rencontrée il y a peu, lui donne un coup de main. Elle demande à avoir un entretien avec le patron de la SD de Marseille pour être sûre qu'ils vont le laisser partir, ce qu'il lui confirme. Son rapport est écrit quelques semaines plus tard. Agnès attend deux semaines, puis demande un entretien par e-mail. La réponse est rapide : moins de vingt-quatre heures après, la mutation de Christophe est acceptée.

Agnès Naudin

« Ce n'est pas le chemin qui est difficile,
mais le difficile qui est chemin. »

Sören Kierkegaard

Je suis née en 1984 dans une famille aisée à Saint-Cloud. Mon père est cadre supérieur, ma mère infirmière. Je suis l'aînée d'une fratrie de trois. Cette position, pour ceux qui la connaissent, n'est pas évidente et ma mère vous dirait que j'ai eu une crise d'adolescence qui a commencé trop tôt et fini trop tard. L'éducation stricte que j'ai reçue m'a fait grandir. Ne pas lâcher mes études, tenir le cap, avoir une discipline quotidienne furent de précieux enseignements que j'ai faits miens.

Vers 9 ans, je veux devenir *profiler*, m'occuper des réseaux de prostitution de l'Est et des enlèvements internationaux d'enfants. Je pense qu'à ce moment-là je ne sais même pas ce que tout ça veut dire, mais cette « envie » d'entrer dans la police perdure au fil des années. Si bien qu'une fois la majorité atteinte la question ne se pose pas : je choisis de faire du droit à Nanterre. J'y rencontre mon premier amour, mais ce n'est pas un grand amateur de la police, loin de là. Jeune et folle amoureuse, j'explore d'autres possibilités professionnelles. Pendant les premières années, je suis assidue en cours, travaille dès que je peux et, chaque été, trouve un stage rémunéré en fonction des matières qui me plaisent, sans m'épanouir professionnellement parlant. J'arrive ainsi jusqu'en cinquième année, celle du choix de la spécialité. Je suis acceptée en DEA de droit international des affaires, théoriquement passionnant. Fin d'année, fin d'un cycle, il y a des difficultés dans mon couple et je rate l'examen écrit d'entrée à l'École du barreau. C'est un tournant décisif. Je pars à Rome un an pour apprendre une autre langue, faire un stage dans le droit de la concurrence, visiter l'Italie et manger des pizzas. Bref, pas une année sabbatique, mais très agréable. En revanche, le retour en France est difficile. Je repasse l'examen d'entrée du barreau et le rate encore, à l'oral cette fois-ci. Je me rends compte alors, face à la porte d'entrée derrière laquelle se tient le grand jury, que la présomption d'innocence n'est pas le principe de procédure pénale que je préfère et que défendre un coupable me serait bien impossible.

Je perds confiance en moi, ne suis plus sûre de mes choix, de la bonne direction à prendre et remets en cause mes convictions... Cette période dure quelques mois. Puis c'est le déclic, le retour à ma première vocation, comme une évidence : ce sera la police.

Je négocie avec mes parents pour qu'ils me soutiennent financièrement encore un peu le temps de passer les concours. Le deal est le suivant : je peux reprendre les études en vue de la préparation aux concours, mais je dois travailler au minimum deux jours par semaine. Je passe l'année entre l'institut de criminologie à Panthéon-Assas, la cour d'appel de Paris en tant qu'assistante de justice – pôle « Terrorisme et bande organisée » – et la préparation aux concours. J'obtiens celui d'officier du premier coup et arrive à l'École nationale supérieure des officiers de police (Ensop) en janvier 2010. J'ai 26 ans, je suis célibataire, avec un bagage universitaire solide en poche. Et je sens que je suis enfin exactement à la place où je dois être.

PREMIERS PAS DANS LA POLICE

J'entre donc dans cette école, à Cannes-Écluse, sans une idée précise de ce qu'est vraiment le métier d'officier, sans certitude autre que celle d'être intimement convaincue que je suis sur le bon chemin. Et je m'y sens comme un poisson dans l'eau. Pourtant, très rapidement, je m'ennuie. La scolarité n'est pas à la hauteur de l'effort fourni pour entrer dans l'école. Beaucoup d'apprentissages par cœur, peu, voire pas, de réflexion. Donc, j'ai le temps de m'entraîner au marathon de Paris, de voyager, de lire, de sortir... Je trouve même celui de tomber amoureuse d'un interne[27]. « Grand classique », diront tous les flics. Une histoire impossible comme dans les films. Même Matthieu Ricard, dont le *Plaidoyer pour le*

27. Un policier issu du corps d'encadrement et d'application, qui a passé le concours d'officier par la voie interne ou la voie d'accès professionnelle, qui est donc déjà dans la police.

bonheur[28] est mon livre de chevet durant la scolarité, n'arrivera pas à me ramener à la raison. Un yoyo émotionnel tel que, trois mois avant la fin de la scolarité, j'en déclenche une pelvipéritonite (inflammation grave des intestins, de l'utérus et des trompes), qui me laisse sans espoir d'avoir des enfants après l'opération, selon le chirurgien. Après un mois d'arrêt, il est hors de question de retourner sur le billard, d'autant plus que c'est la période des examens définissant le rang de classement pour le choix des postes en sortie d'école. Mes objectifs sont alors les suivants : devenir commissaire, un jour, et repartir à l'étranger, le plus vite possible. J'ai deux options : les Stups et l'immigration. Les Stups, c'est un univers que je connais peu et la matière ne m'intéresse absolument pas. L'immigration, je ne connais pas non plus. Mais travailler dans un aéroport, pourquoi pas : je serai chaque jour sur le départ.

PREMIERS PAS À LA POLICE AUX FRONTIÈRES (PAF) DE ROISSY-CHARLES-DE-GAULLE

Le défilé du 14 juillet 2011 sonne la fin de la scolarité et mon arrivée à l'aérogare 2E/F, où je passe un an sous les néons de locaux exigus, dans les méandres des couloirs sans fin, entre les aubettes de contrôle et les portes d'avion. Mon premier contact avec la délinquance en tant que policière est celle résultant d'une grande misère. J'oscille entre les demandes d'asile ou les refus d'entrée sur le territoire…

---

28. Matthieu Ricard, *Plaidoyer pour le bonheur*, Nil, 2003.

Psychologiquement, il n'est pas évident de voir tous ces malheureux affluer dans des conditions difficiles, mais il faut « faire le job » et essayer de le faire avec le plus d'humanité possible, et ce, même si la logique migratoire en application à cette époque-là nous semble incompréhensible. Par exemple, il nous est demandé de faire de nombreuses procédures administratives pour les étrangers en situation irrégulière (ESI). Cela signifie qu'on arrête aux départs des étrangers dont le visa est dépassé, on leur notifie une obligation de quitter le territoire français (OQTF) avec une amende (en fonction de ce que l'individu a sur lui), le tout avant de le mettre dans l'avion qu'il a lui-même payé. Statistiquement parlant, cela veut dire : OQTF et sortie du territoire. Le Graal. Le ministère de l'Intérieur explique ensuite que ses services ont délivré tant d'OQTF sur le territoire national et procédé à tant de reconduites à la frontière, alors que tout le monde sait que ce n'est pas l'étranger qui veut rentrer chez lui qui pose un problème en matière d'immigration. La loi des chiffres…

Ensuite, je passe deux ans au pôle d'ordre public et d'éloignement. C'est pire encore. L'unité locale d'éloignement est la fin de la chaîne. Le dernier endroit avant de reconduire les étrangers par voie aérienne. Officier en tenue, jeune lieutenant, j'ai deux équipes, pas moins de 120 personnes sous mes ordres, encadrées par des majors. Je suis la princesse. J'ai une équipe de choc et je suis la seule femme au milieu de tous ces anciens, dont André B., mon adjoint. Il a peur quand j'arrive. Il n'y a jamais eu de femme à ce poste. Je suis jeune et, surtout, inexpérimentée. Pourtant, patiemment, il m'apprend le métier et devient un confident.

Je suis bien entourée, mais je m'ennuie à nouveau. Avec tous ces majors chevronnés, il n'y a pas de problèmes particuliers à résoudre. Je décide donc de reprendre les études en vue de passer le concours de commissaire de police, m'inscris à la faculté d'Assas et à la Sorbonne pour un master en relations internationales. Entre-temps, je rencontre celui qui deviendra le père de mon fils. Comme la science n'est pas exacte et que les miracles existent, je tombe enceinte à 29 ans. Je passe mes oraux pour valider cette année universitaire avec un ventre rond comme un ballon. Thélio naît fin juillet et la deuxième année de master débute alors que je suis en congé maternité. Jusqu'à ce que je reprenne le travail, début novembre, j'alterne entre les couches, les biberons et les cours. Puis à partir de novembre s'ajoute le travail, et les deux mois qui suivent s'avèrent harassants. Le second semestre se déroule « en stage », donc à l'aéroport, où je rédige un mémoire sur les obstacles de la reconduite à la frontière par voie aérienne. Je peux dire que j'ai une vision réfléchie du service à ce moment-là et une compréhension affûtée de cette « politique migratoire », qui finalement n'en est pas une. Après la naissance de Thélio, il me devient plus difficile encore de supporter les reconduites à la frontière, notamment lorsqu'il y a des enfants. Les cris, les hurlements, les larmes, ceux qui s'entaillent les poignets avec des lames de rasoir pour ne pas être conduits à l'avion, les émeutes à bord des aéronefs... J'admire toujours les fonctionnaires travaillant dans cet environnement.

La période est donc éprouvante pour moi. La situation avec le père de mon fils est difficile, il ne travaille pas et je ne peux donc pas trouver de place en crèche pour Thélio. Le suicide d'Aurore, une cousine dont j'étais proche, me touche profondément et me bouleverse. Tous ces événements me poussent à partir au bout de deux ans. Je suis alors affectée au Bourget, en septembre 2014, sous les ordres de Mme Kenza O., une commandante atypique. Elle a un sacré caractère, j'adore son humour, sa repartie, son côté cinglant. Comme avec André B., je lie une relation professionnelle de confiance avec elle. Nous sommes dans le même bureau, un petit local, avec seulement une quarantaine de fonctionnaires à gérer. Presque un paradis, du moins « sur le papier ». L'environnement n'est pas le même, le travail non plus : il faut imaginer un service où le moindre problème est porté en haut lieu au vu des personnalités « VIP » qui passent là (diplomates, etc.). D'ailleurs, le poste de police du Bourget est placé sous la responsabilité du directeur de l'aéroport de Roissy, contrairement à tous les autres services de la plateforme. Par exemple, en aérogare, entre un officier comme moi et la direction, il doit y avoir une chaîne hiérarchique d'une dizaine d'officiers plus gradés et de commissaires. Au Bourget, il n'y en a que deux : la commandante Kenza O. et l'adjointe du directeur.

PREMIERS PAS EN ENFER…

La situation avec le père de Thélio est telle qu'il est urgent que je devienne indépendante. De manière fortuite, j'apprends l'existence d'une crèche à deux pas du poste de police du Bourget. Il y a une place libre. Mais pour pouvoir emmener Thélio le matin avant de commencer le travail et le récupérer avant que la crèche ferme, j'ai besoin d'un aménagement d'horaire. C'est à cette occasion que je rencontre pour la première fois M. William C., directeur fraîchement nommé de Roissy. Je lui explique la situation personnelle dans laquelle je suis alors que je ne le connais pas. Il est très à l'écoute et accède à ma requête.

Les séquelles après le décès d'Aurore sont profondes. Je ne parviens pas à les surmonter. De plus, la routine quotidienne est difficile. Je me lève très tôt, réveille Thélio à 6 h 30, l'emmène encore en pyjama à la crèche, tandis qu'il boit son biberon le temps du trajet. Enfin, je l'habille en arrivant au Bourget, avant de prendre mon poste à 8 heures. Après une journée bien remplie, je le récupère à 17 h 30 et rentre, dans les embouteillages quotidiens de l'A86… Il me faut trois mois pour prendre confiance en moi, comprendre que je peux me débrouiller seule. Un dernier incident avec son père est la goutte d'eau qui fait déborder le vase. Je trouve enfin le courage de le quitter, en décembre 2014. Thélio a 14 mois. Mes parents viennent de déménager, mes frères et sœurs ne sont pas là. Je suis seule.

C'est à cette même période que la situation au Bourget se tend. En septembre, la commandante part un mois en vacances. Un mois loin de l'aéroport qui suffit au directeur pour y venir régulièrement – alors que ses prédécesseurs ne le faisaient pas –, prétextant des réunions professionnelles. Le Bourget, c'est principalement un travail de représentation. Nous devons participer à des événements relatifs à la coopération avec les pays étrangers. C'est dans ce cadre-là qu'un jour je suis invitée à une réception à l'ambassade des États-Unis. Le directeur est présent également. Venu à pied, il me demande de le raccompagner chez lui. Il est le chef, celui qui décide de tout ou presque sur la plateforme. Très impressionné par cet homme, contrôleur général, très haut gradé dans la police, mon ego est flatté. M. William C. commence à me tutoyer et à me faire la cour tout en délicatesse. Ma situation personnelle étant chaotique, je ne suis pas bien. J'ai besoin d'attention et il est assez intelligent pour prendre une place de protecteur. Il suffit d'un dérapage une fois pour que cela tourne au cauchemar. Je veux arrêter tout de suite, mais c'est sans compter sur sa détermination. M. William C. a décidé que je serai la dernière femme de sa vie. Consciente des relations professionnelles qui nous lient, je tente au cours des mois qui suivent de rester neutre, sans y parvenir. Des heures de discussion au millier de messages en passant par du chantage au suicide, il n'accepte pas que je ne veuille pas être en couple avec lui. J'essaie de préserver autant que je le peux la sphère professionnelle tout en étant à l'écoute de cet homme qui me paraît alors démuni. Je propose une relation d'amitié, mais il refuse. La commandante Kenza O., presque devenue une confidente, m'aide comme elle le peut avec ce qu'elle est. Elle n'aime pas cet homme, le trouve dérangé. M. William C. la met mal à l'aise. Un sentiment réciproque, puisque le directeur la trouve vulgaire. Il pense surtout qu'elle est une des raisons pour lesquelles je ne veux pas avoir une histoire amoureuse avec lui. Il ne parvient toujours pas à accepter qu'il ne me plaît pas. Selon M. William C., c'est moi le problème, moi qui suis « frigide et sans cœur ». Il ne supporte pas l'idée que cela puisse venir de ce qu'il est. Je passe beaucoup de temps à les convaincre séparément que leur aversion mutuelle n'est pas fondée. Un jeu d'équilibriste dangereux et épuisant. Plusieurs fois, M. William C. essaie de semer la zizanie entre elle et moi, sans y parvenir. Je suis consciente de tout cela sans pouvoir y faire grand-chose. C'est lui le chef. D'ailleurs, depuis un certain temps, il distille son venin auprès des gens avec lesquels je m'entends bien sur la plateforme. D'un autre côté, il organise sciemment mon isolement pour se placer en ange gardien. Combien de fois je l'ai entendu me dire : « Je suis le seul qui a confiance et qui croit en toi. » Heureusement, je peux toujours compter sur la commandante pour que nous fassions front ensemble…

LA CORRUPTION S'EN MÊLE

À ce moment-là, mon service, qui n'avait pas été inquiété jusqu'ici, est confronté à une affaire de corruption. Certains fonctionnaires sont soupçonnés de prendre quelques billets à la sortie des jets. Nous finissons par trouver un vrai témoin, un brigadier-chef que j'ai justement recruté au sein du service pour son intégrité. Forte de ce témoignage, je demande au directeur l'ouverture d'une enquête, au moins administrative à défaut d'être judiciaire. Il m'explique que c'est compliqué, qu'il va falloir auditionner tout le monde, « que ça accouchera d'une souris »… Qu'à cela ne tienne, j'écris un rapport pour appuyer celui de mon effectif, et de prétendues auditions sont faites. Le directeur me convoque pour m'informer que cela n'ira pas plus loin et qu'il n'y a rien dans le dossier. J'insiste alors pour être entendue par la commissaire en charge de l'affaire et suis obligée de le menacer d'en parler au directeur central de la police aux frontières (DCPAF) – qu'il déteste cordialement – pour qu'il m'accorde cette audition. Je ne me prive pas de raconter tout ce que je sais, ce qui le met en difficulté, car, de ce fait, il va devoir en rendre en compte au DCPAF alors qu'il ne veut pas que ça « sorte des murs de Roissy »... C'est la chose de trop. Je craque et prends la décision de partir.

En avril 2015, toujours dans l'optique de devenir commissaire un jour, j'obtiens, en le menaçant de tout révéler au DCPAF, l'autorisation de passer un examen pour participer à une préparation au concours interne qui dure six mois, à Clermont-Ferrand. Le 7 mai, lorsque j'apprends que je suis admise et qu'en septembre je serai partie, je coupe complètement les ponts avec M. William C. Je ne lui réponds plus. À tel point qu'il finit par venir à mon domicile un soir sans prévenir, « parce qu'il s'inquiète ». J'ai tellement peur sur le coup que j'éteins les lumières afin de faire croire que je ne suis pas là ! Heureusement que je ne suis pas seule, un ami est présent, témoin du fait que je ne suis pas folle. En un an, j'ai perdu 10 kilos. Je suis persuadée de réussir à « gérer la situation » alors qu'en fait je ne gère rien du tout. Rumeurs et mensonges circulent. Mais je connais la vérité, les gens peuvent bien croire ce qu'ils veulent.

En septembre, la même année, je pars donc à Clermont-Ferrand, sans un mot. Une fois arrivée là-bas, la pression retombe. L'idée de revenir sur la plateforme est difficile, je la mets de côté un moment. Puis, en octobre, le télégramme des mutations pour les officiers arrive dans ma boîte e-mail. Trois personnes me l'envoient et je le jette trois fois à la corbeille. La quatrième me met la puce à l'oreille. J'ai pensé à tout sauf à demander ma mutation. J'y réfléchis un instant, je me dis que Thélio va entrer à l'école et que je ne peux pas rester au Bourget plus longtemps. C'est le déclic. Je décide de changer d'univers, de quitter la tenue et de découvrir le monde judiciaire. Il y a des postes à la ST à Nanterre. Parfait. Ce n'est pas la course aux gardes à vue des commissariats, ni les heures folles de la police judiciaire[29] (PJ), mais un subtil équilibre d'affaires intéressantes qu'on a le temps de traiter. Après un entretien avec le patron du service en question, il est décidé que je ferai une semaine de stage à la brigade territoriale de protection des familles (BTPF). Ce sera la semaine du 15 novembre 2015. Encore faut-il que j'arrive à convaincre M. William C. de me laisser partir... Je l'appelle, me fais réprimander pour mon silence, mais je n'ai pas beaucoup de mal à le convaincre. Il accepte cette demande de mutation, car, de ce fait, « je ne serai plus sous son contrôle hiérarchique ». C'est l'un des arguments dont j'ai usé pendant un an pour le tenir à distance. J'étais sous son autorité et il valait mieux ne pas mélanger les deux sphères. Il l'a retenu. Il m'explique que je ne pourrai plus utiliser cet argument pour refuser de sortir avec lui. M. William C. n'a décidément rien compris. Je regrette

---

29. La police judiciaire est une direction de la police avec des services : le judiciaire correspond à la matière pénale et tout ce qui relève des procédures.

l'énergie dépensée et les heures passées à le raisonner... En fait, c'était peine perdue.

Le 13 novembre 2015, je rentre de Clermont-Ferrand, c'est un vendredi soir. Je me couche à 22 heures et me réveille comme tous les Français qui n'ont pas allumé leur poste de télévision. Ce n'est donc que le lendemain matin que je découvre l'horreur des attentats survenus la veille. Il faut que j'aille à Roissy récupérer mon arme en vue du stage. Comme il en a l'habitude, le directeur est là. Même le week-end. Je ne l'ai pas vu depuis plus de trois mois. Je reste cordiale. M. William C. me dit qu'il attend que je revienne pour m'aider à réviser les oraux du concours. Je récupère mon arme et repars. Toujours ce jeu d'équilibriste. Je ne le sais pas encore, mais c'est la dernière fois que je le verrai. Après la semaine de stage, je suis décidée pour un transfert à la brigade des mineurs. Je laisse mon arme dans le coffre du patron de la ST, en prévenant M. William C., et retourne à Clermont-Ferrand.

LA REVANCHE

Cette histoire avec le directeur fut très éprouvante. Je me suis toujours sentie coupable. Coupable de m'être mise dans cette situation. De m'être crue plus intelligente. Orgueil... Je me suis crue au-dessus de lui. Alors qu'en réalité j'ai été sa proie dès que je suis entrée dans son bureau, le 28 juillet 2014. Le dernier message que je reçois de lui parle encore de cette rencontre et à quel point je lui dois une reconnaissance éternelle, car, sans cet aménagement d'horaire, je ne serais pas là où je suis.

Alors que j'assiste à un cours, je reçois un appel de la commandante Kenza O. Elle est furieuse parce que je ne l'ai pas informée lorsque j'ai laissé mon arme dans le bureau du patron de la ST. Il n'y a pas de procédure spéciale dans ce cas-là et je ne comprends pas en quoi c'est un problème. Mais cet événement, en apparence anodin et totalement mystérieux pour moi, sera pourtant à l'origine de ma brouille avec elle.

Le 4 janvier 2016, c'est officiel, je suis mutée à la ST92. C'est un soulagement. Lors d'un déplacement à Paris, dix jours plus tard, je vais au Bourget avec l'intention de comprendre la raison de la colère de la commandante et récupérer mes affaires. Lorsque j'arrive tout sourire, Mme Kenza O. m'accueille en me couvrant de propos injurieux et humiliants devant deux secrétaires de notre service : « Je ne te dis pas bonjour, je ne te souhaite rien de bon, tu prends tes affaires et tu te casses, je ne veux plus te voir ! »

Sans préambule ni explication. J'encaisse douloureusement. Avec du recul, quand je repense à ce jour, je prends conscience combien ces propos sont totalement indignes des fonctions de chef de service et constituent à l'évidence un manquement déontologique d'autant moins acceptable qu'ils ont été tenus en présence d'agents du service.

À l'époque, je suis tellement triste, déçue et sidérée par sa réaction que j'impute la responsabilité – à tort peut-être – de cette attitude au directeur, pensant qu'il avait poursuivi son travail de sape et cette fois-ci réussi à nous diviser. Je prends réellement conscience à ce moment-là de son pouvoir de nuisance et crains qu'il l'utilise contre moi dans le cadre du concours. Alors, je trouve le courage de dénoncer cette situation auprès du DCPAF, de toute façon j'ai ma mutation et suis sûre de ne plus être sous son autorité. Je n'ai plus le choix. Je pense avoir tout essayé, tout tenté. J'ai du mal à accepter de m'être trompée, d'avoir mal analysé la situation, de ne pas avoir perçu l'homme qu'il est. Il a fallu que j'accepte de ne pas être aussi maline que je le pense et que c'est lui qui mène le jeu depuis le début. Il a feint d'accepter l'amitié que je lui proposais pour être sûr de garder un lien avec moi.

Je suis reçue une semaine plus tard par le DCPAF et la directrice des ressources humaines du service. Je subis ce que j'ai toujours soigneusement évité à Roissy : une mise à nue. Le directeur central n'est pas de ceux à qui « on peut la faire à l'envers ». Il faut être transparente. J'ai honte. Tellement honte. Honte de ce que je suis et d'avoir craqué une fois alors qu'il ne me plaisait pas. C'est le directeur central qui prononce les mots de « harcèlement sexuel » en m'expliquant qu'avoir eu un rapport physique avec une personne ne donne pas le droit de la harceler par la suite. Je n'y ai jamais pensé. Je ne me suis jamais positionnée comme une victime. C'est impossible. Pas moi. Il m'explique qu'avec toutes les preuves que j'ai je peux porter plainte et me demande si je compte le faire. Bien évidemment : non. Je veux simplement qu'il m'oublie et passer mon concours en toute tranquillité. Je ne demande rien de plus. Le DCPAF me rassure en me disant qu'il va en parler à la directrice de l'IGPN et qu'ils vont s'occuper de lui, apparemment je ne suis pas la première. Sans savoir ce que cela signifie, j'espère simplement qu'il n'aura plus d'effectifs sous ses ordres.

Le directeur est alors mis en demeure de cesser tout contact avec moi sous peine de sanction. Je n'ai plus jamais eu de nouvelles de lui. Délivrance. Enfin, pas tout à fait. Le retour de bâton arrive deux mois après, au moment de ma notation[30]. Elle est l'occasion d'un lynchage en règle de la part de la commandante.

Dans les appréciations, elle écrit notamment : *Travaillant quotidiennement selon des horaires dérogatoires accordés par la direction à la préparation de concours administratifs, elle a quelque peu délaissé les missions et tâches du service.* Et voilà comment ces horaires dérogatoires pour la garde de mon fils ont été utilisés contre moi.

Je rappelle que, d'une manière générale, il est impossible qu'un agent puisse préparer sérieusement un concours administratif, qui plus est celui de commissaire de police, sans aucune incidence sur son exercice professionnel habituel. L'administration a mis en place des dispositifs d'aide à la préparation dans un souci de performance et de facilitation de la promotion sociale interne, ce n'est pas pour qu'en contrepartie les agents concernés soient « sanctionnés » par une baisse de leurs évaluations ! De plus, le cycle de préparation à des concours d'un niveau supérieur constitue en tout état de cause l'équivalent d'une formation, et donc un renforcement des compétences de l'agent, ce dont le service ne peut qu'être bénéficiaire.

---

30. Voir annexe V : « La notation de l'agent et les conséquences sur sa carrière ».

Mon sens du service public, mon exemplarité et ma fiabilité n'ont jamais été remis en question jusqu'à ce jour. La commandante les a même considérés comme « très bons » l'année précédente. Faut-il conclure que les horaires dérogatoires accordés par la direction sont un « contre-exemple », et que la préparation à des concours rend les agents moins fiables ? Peut-être au motif qu'ils ambitionnent de rejoindre d'autres emplois ? Je lui en veux de ne pas m'avoir expliqué pourquoi elle était furieuse, de ne pas avoir su gérer la situation autrement à son âge et de s'être « vengée » par le biais de la notation.

Je porte ma cause auprès de la commission mixte paritaire[31] (CMP) à l'aide de mon syndicat, le Syndicat des cadres de la sécurité intérieure (SCSI), qui estime que mes arguments sont fondés. Mais ma cause n'est pas entendue. Certains policiers disent que l'administration est un rouleau compresseur. Peut-être ont-ils raison. Je me dis que j'ai fait ce que j'avais à faire. J'ai écrit, argumenté, exposé ma version des faits. La commission décide que ma notation n'a rien à voir avec le contexte dans lequel elle a été faite. Cherchez l'erreur... Je ne veux pas faire de recours supplémentaire, car, passant le concours de commissaire, je ne souhaite pas me tirer une balle dans le pied alors que je viens de passer six mois à Clermont-Ferrand à le préparer. Je ne veux plus me battre. Je veux passer à autre chose. De toute cette

31. Commission en charge de traiter les recours hiérarchiques faits sur les notations des agents. Cette commission est composée de trois personnes représentant l'administration et le représentant syndical du fonctionnaire qui, lui, n'est pas présent. Donc, trois contre un, ce n'est pas vraiment la parité...

histoire, je ne garde que le regret de ne pas avoir pu ou su protéger la relation que j'ai eue avec la commandante, qu'elle soit sortie de ma vie d'une façon aussi violente et, encore une fois, sans explication.

Le directeur, pour sa part, a été mis au placard à la direction centrale quelques mois après, pour finir tranquillement sa carrière avant de prendre sa retraite.

NOUVEAU DÉPART ?

Quand j'arrive à la ST, en mars 2016, je suis dans de bonnes dispositions. Thélio est entré à la maternelle, les temps de trajet sont devenus raisonnables et j'ai trouvé une armée de baby-sitters pour faire la transition entre la fin de l'école et mon retour à la maison.

En revanche, l'intégration est difficile, pour ne pas dire horrible. Le judiciaire est différent de ce que j'ai connu. L'officier tire sa légitimité de sa compétence. Compétence que je n'ai pas puisque je n'ai jamais fait de procédure. Je me retrouve dans un service où nous sommes six avec deux majors, dont le plus ancien fait de l'intérim en attendant qu'un officier prenne le poste, en l'occurrence moi. L'autre major est une femme, qui décide qu'elle ne travaillera pas avec moi et passe son temps à faire des coups bas. Le tout sous l'œil attentif de la commandante – ancienne chef de brigade – devenue chef d'état-major de la ST. Heureusement que d'autres sont là, de bonne volonté, pour m'apprendre le métier et me conseiller habilement sur la manière de vivre cet enfer au quotidien. La major doit être mutée au mois de septembre, il n'y a donc que quelques mois à attendre, je n'ai rien à gagner à me battre.

Je mange mon pain noir pendant les premières semaines et deviens autonome le plus rapidement possible – acquérir cette légitimité me rendra moins vulnérable. Mais un autre problème se profile durant l'été. Cela fait trois mois que je suis dans le service et je constate que l'activité est quasiment nulle pendant la période estivale alors que les commissariats du département croulent sous les dossiers. Je m'ennuie quand d'autres sont en burn-out. J'en fais part aux anciens, qui me répondent que c'est comme ça, que c'est un creux, que le protocole de saisine[32] de notre brigade date de 1994 et qu'on ne va pas le changer maintenant. Je me renseigne tout de même auprès des autres départements de la petite couronne dont le fonctionnement est très différent, avec plus d'effectifs mais aussi plus d'affaires diverses. Je déclenche une véritable levée de boucliers : « Non, on ne veut pas faire des fugues de mineurs, ni de la prostitution pour récupérer les dossiers de merde qui sont dans les commissariats. » Bonjour, la solidarité…

L'été passe. Ayant raté le concours de commissaire à l'écrit, je me replonge dans les révisions pour m'occuper. La major part, Philippe D., un capitaine plus gradé que moi arrive et prend la tête du service. La situation est plus apaisée. Mais je suis dégoûtée de cette façon d'être et du comportement

32. Le protocole de saisine est le document qui définit quel service est compétent sur le département pour tel ou tel type d'infraction : par exemple, pour des violences légères, ce sera le commissariat, pour des violences plus importantes avec blessures corporelles, ce sera la sûreté départementale (SD), et pour un meurtre, c'est la PJ.

des majors, ceux que l'on appelle les « anciens » et qui n'ont été ni exemplaires ni sages.

Premières enquêtes, premières autopsies, premier dossier de bébé secoué décédé, etc. Pendant l'année qui suit, je découvre les affaires que nous sommes appelés à résoudre, c'est très particulier, et souvent difficile. Pourtant, malgré les difficultés psychologiques que cela génère et grâce à la méditation, je garde le cap. Je suis fascinée par la nature humaine et ses travers. Toutes ces histoires de vies brisées, les traumatismes, les ressorts mis en place par certains pour s'en sortir, la descente aux Enfers des autres, ce n'est pas du judiciaire finalement, c'est de la psychologie. Et j'aime ça. Je me sens utile.

En parallèle du travail, je révise les examens écrits du concours de commissaire, qui arrivent à grands pas. Cette fois-ci, je suis admissible. Autant d'efforts récompensés. Je fais du sport et gère mon stress au mieux avant la dernière ligne droite des oraux. Puis arrive le jour J. Comment m'habiller ? Ne pas se mettre en valeur pour que mon physique ne me porte pas préjudice. Choisir des vêtements sobres... Porter des talons ou pas ? Autant de questions dérisoires qui disparaissent brutalement quand je découvre la composition du jury affichée devant la salle. C'est la panique. La présidente du jury n'est autre que la directrice de l'IGPN – celle-là même qui a décidé en concertation avec le DCPAF de rédiger une lettre de mise en garde[33] contre le directeur

33. La lettre de mise en garde n'apparaît pas dans le dossier individuel du fonctionnaire et n'est pas considérée comme une sanction. Voir annexe I : « La procédure disciplinaire ».

de Roissy. Je me liquéfie devant la porte du grand oral. Je sais qu'elle sait que je sais qu'elle sait… J'entre dans la salle avec une seule pensée en tête : comment pourrait-elle être convaincue par un officier qui est un « potentiel d'emmerdes en soi » ? Je suis mauvaise, extrêmement mauvaise, je ne parle pas assez fort, je ne suis pas concentrée, etc. Bref, je ne pense qu'à une chose : sauver les meubles et éviter la note éliminatoire. Sans aucune illusion concernant le résultat, je suis tout de même triste quand j'apprends que je ne suis pas admise.

Chaque participant recalé au grand oral a le droit à une explication par la présidente du jury en personne. Quand elle m'appelle, elle est avec un autre membre du jury. En substance, elle m'explique qu'ils ont trouvé que « je minaudais ». Ma tête était trop penchée, je fixais les gens dans les yeux, je parlais tout doucement. Et comme j'ai été mise en difficulté pour répondre aux questions, que mes réponses ont été laborieuses, ils ont pensé que je m'étais servie de la séduction pour les convaincre. Elle me demande : « Mais vous regardez toujours les gens comme ça quand vous vous adressez à eux ? »

Cette question me fait sourire et je lui réponds « oui ». J'ajoute que comme j'étais stressée ce jour-là, rester naturelle était le meilleur moyen de « m'économiser ». Elle me conseille de m'entraîner à l'oral devant une caméra pour corriger ce trait et avoir l'air plus « distante ». Au moins, je comprends mieux pourquoi j'ai eu 5 ! Elle m'encourage à recommencer l'année prochaine. C'est reparti pour un tour. À peine notre échange terminé, je lui envoie un e-mail, car un doute me taraude. Je lui demande si les membres du jury ont eu connaissance « de mon dossier » avant que j'entre dans la salle. Autrement dit, est-ce que cette histoire avec le directeur de Roissy entre en ligne de compte ou pas ? Elle m'assure que non, que personne n'était au courant et qu'elle est restée en retrait concernant mon passage justement pour ne pas les influencer. Je décide de la croire. Naïvement peut-être. De toute façon, qu'aurait-elle pu répondre d'autre ? Que je ne serais jamais prise, car j'ai foutu la merde à Roissy et qu'un directeur s'est retrouvé au placard par ma faute ?

J'en suis bouleversée. Mais, dans ma tête, je n'ai pas le choix. Il faut accepter. Une nouvelle fois se dire que ce n'est pas pour maintenant et que la prochaine sera la bonne. En tout cas, la dernière. On ne peut passer le concours que trois fois, et j'ai déjà utilisé deux cartouches.

PREMIERS PAS DANS L'ÉCRITURE…

Nouvel été au sein de la brigade, même ambiance. Pas de dossier, je m'ennuie. Je me plains, demande qu'on puisse récupérer les dossiers de ceux qui sont débordés, scrute tous les matins les affaires tombées pendant la nuit sur le département pour voir si on ne peut pas en récupérer une pour laquelle nous serions compétents. Bref, je tourne en rond. Je démarre une enquête, mais en pleine période estivale on ne peut pas faire grand-chose à part quelques auditions.

Alors je commence à écrire. Ces quelques lignes se retrouvent, par l'entremise d'un élu des Hauts-de-Seine qui agit sans me consulter au préalable, sur le bureau de la directrice générale du cherche midi. Elle passe de longs mois à me convaincre qu'il faut écrire un témoignage sur les enquêtes en brigade des mineurs. Ce n'est pas au programme. Je n'ai pas le temps, le concours à passer à nouveau et, surtout, j'ai peur. Ce projet peut mettre en péril ma carrière. Être exposée, c'est encore accepter d'être une cible. La parole chez nous n'est pas libre, et témoigner peut nous apporter beaucoup de problèmes, avec la hiérarchie comme avec les collègues. Entre-temps, je rencontre la directrice générale du cherche midi pour qui j'ai un véritable coup de cœur. Elle me donne à penser. Et finalement j'accepte de me prêter au jeu, visant une parution en septembre 2018, qui me laissera le temps de passer l'oral avant. Je m'y mets donc très rapidement et découvre que ça me plaît.

Nous sommes en décembre 2017. Afin d'écrire au mieux ce témoignage, je demande des conseils à des juristes, des avocats. Je ne veux pas faire d'erreurs. Comment faire pour rester dans le cadre de la légalité tout en racontant la vérité? J'envoie un e-mail au substitut du parquet en charge des mineurs qui a rendu une décision de classement sans suite dans une affaire de viol conjugal dont je compte parler dans le livre. Le classement sans suite n'est pas remis en question ici, mais j'ai besoin de savoir si le secret de l'instruction couvre de la même manière les affaires en cours d'instruction et celles classées sans suite. Je n'ai pas de réponse du magistrat, d'ordinaire très réactif, en tout cas pas directe… La « réponse » que je reçois est bien différente de celle à laquelle je m'attendais.

La magistrate cheffe de pôle des mineurs, convoque le patron de la ST à ce moment-là, ainsi que Philippe D., mon chef de groupe. Ce qui n'arrive jamais, c'est une première pour lui. Lors de cet entretien, le patron me dit que, selon la magistrate, je mets mal à l'aise certains parquetiers, qu'ils ont l'impression que je conteste leurs décisions, sans plus de précisions. Mon comportement ne leur plaît pas. Je prends les choses « trop à cœur » et je ne suis pas assez neutre dans mon approche des affaires, ce qui peut fragiliser les enquêtes. Autant de remarques que j'entends sans les comprendre, puisque jusqu'ici tout se passait, du moins en apparence, très bien. Comment prendre en considération les remarques de ces magistrats qui n'ont pas jugé utile de me convoquer en personne ? Qu'est-ce qui peut les mettre mal à l'aise à ce point ? Il est vrai que je n'ai pas peur d'eux, que, sans défier l'autorité, ce n'est pas elle qui me guide. Je ne travaille pas « pour » ou « sous l'autorité de » mais « avec ». Je me comporte de la même façon avec un magistrat qu'avec un patron ou un gardien de la paix. Je ne fais pas la différence, car pour moi il n'y en a pas. Nous sommes tous des humains avec notre façon d'être et notre façon de voir les choses. Et plus encore, chacun sa place. Je ne me sens pas capable de juger, donc je fais très bien la différence entre mon rôle et celui des magistrats. En revanche, j'ai décidé que ma façon de mener mes enquêtes doit apporter le maximum d'éléments au magistrat qui, lui, « juge sur pièces », c'est-à-dire sans voir les gens. Les seuls qu'ils voient sont ceux qui sont déférés. Et généralement un déferement suppose qu'il y a assez de preuves matérielles pour pouvoir juger. Pourtant, la plupart de nos enquêtes sont faites d'auditions et rares sont les preuves irréfutables. Lire une audition, c'est une chose, entendre une personne, ses silences, ses soupirs, voir ses sourires ou ses tics en est une autre.

Apparemment, ils ont aussi posé des questions sur le livre. Ils veulent savoir de quoi il s'agit, de quelles affaires je vais parler, me mettre en garde en me rappelant que je suis tenue au secret de l'instruction. Ces précautions me surprennent. Justement, je suis transparente en informant les magistrats instructeurs et le parquet de ce projet, certes, pas de façon formelle. Je décide donc de prendre de la distance avec les magistrats, d'être polie sans être agréable et de faire un rapport d'information circonstancié expliquant mon projet. J'espère que cela suffira à les rassurer. Après tout, le plus important dans cet ouvrage est d'informer le public, je ne suis pas là pour les embêter.

Mars 2018, je n'ai toujours pas reçu ma convocation pour le concours de commissaire. Ce n'est pas normal. Elle aurait dû arriver depuis longtemps. Je finis par appeler pour savoir ce qu'il en est. J'apprends alors que je ne suis pas inscrite. Je cherche dans mes e-mails la confirmation de cette inscription mais ne la trouve pas. J'appelle au bureau, j'appelle partout. Rien. J'ai dû faire une mauvaise manipulation au moment de m'inscrire… Une sensation de vide m'envahit. Puis je souris : je viens de gagner un an et demi. Dix-huit mois sans me demander si je vais partir, si je vais déménager, sans me poser de questions.

En avril 2018 arrive le moment de ma notation, rédigée par mon capitaine Philippe D. Le commentaire écrit est le suivant : *L'année 2017 a permis au capitaine Naudin de prendre confiance en elle dans le traitement des procédures « mineures » qu'elle gère de façon satisfaisante. Soucieuse d'instaurer un climat convivial au sein du groupe, Mme Naudin a une personnalité dynamique, ayant la volonté de bien faire, elle doit toutefois être plus respectueuse dans ses rapports avec la hiérarchie judiciaire et administrative.* Cela fait référence à deux choses. La première au fait que j'ai insisté pour participer à un stage sur l'évaluation de la radicalisation. Je pense que M. François-Denis P., le patron adjoint, a dû avoir l'impression que je lui ai forcé la main. La seconde est le problème que j'ai eu avec le parquet à propos du livre. Je lui demande de supprimer cette référence.

Mais Philippe D. ne l'entend pas ainsi. Je suis stupéfaite. Il me dit que c'est M. François-Denis P. qui lui a demandé d'écrire ça. Je lui fais remarquer qu'il y a un cadre qui leur est réservé s'il n'est pas d'accord avec son commentaire, lui demande de supprimer au moins la référence au parquet et de modifier celle en rapport avec la hiérarchie. Il retourne voir M. François-Denis P., qui accepte la modification.

Les notations figurent dans les dossiers. Lesquels sont transmis pour les concours de commissaire. Je lui fais d'ailleurs remarquer que, en laissant la notation[34] en l'état, il me met dans l'embarras pour passer par la voie d'accès professionnelle. C'est une modalité d'entrée à l'école des commissaires de police qui comprend plusieurs phases plus ou moins similaires à celles du concours externe. Il n'y a qu'une journée d'écrit, qui correspond à une note de

34. Voir annexe V : « La notation de l'agent et les conséquences sur sa carrière ».

synthèse et une épreuve de questions à réponses courtes, puis un oral comme pour le concours externe. Et le dossier individuel est officieusement important.

PREMIERS PAS DANS LA « LUMIÈRE »

En août 2018, alors que je suis en vacances, je reçois des e-mails du travail concernant la médiatisation du livre[35] qui doit paraître quelques semaines après. Pour résumer, les services de communication de la préfecture de police de Paris (PP) et de la direction de la sécurité de proximité de l'agglomération parisienne (DSPAP) – à laquelle je suis rattachée et qui dépend de la PP – ne sont pas d'accord. La PP est d'accord pour que j'intervienne quels que soient les médias et la DSPAP donne son accord pour la radio et les journaux mais pas la télévision. Je trouve le moyen de contourner les avis défavorables en envoyant un e-mail au chef de cabinet du DSPAP afin de savoir si j'ai l'obligation de demander l'autorisation à ma hiérarchie pour faire la promotion d'une œuvre littéraire dans les médias. Je connais la réponse, mais je suis obligée de l'écrire pour garder des preuves. C'est fou de se méfier de sa propre administration. Cela dit, je ne peux pas ignorer les avertissements qui m'ont été faits sur ce point…

Le retour est rapide, la réponse sans appel : pas besoin de demander l'autorisation, mais obligation d'informer la hiérarchie de chaque intervention dans les médias et, bien

35. Agnès Naudin, *Affaires de famille*, le cherche midi, 2018.

évidemment, rappel est fait de toutes mes obligations – respecter le secret de l'instruction et des enquêtes, mon devoir de loyauté et celui de réserve. Alors je les informe… et donne la liste de toutes les interviews acceptées. Tout en sachant que je serai scrutée, observée et que le moindre faux pas sera préjudiciable pour la suite de ma carrière. Je prends quand même le risque, car il est plus important d'informer le public que me préoccuper de ma petite personne. Chaque fois que j'ai besoin de partir du service pour des interviews, je dois poser des congés. Je jongle en les casant au petit-déjeuner, au déjeuner ou le soir après le travail pendant plus de trois mois. Étrangement, aucun de mes passages dans les médias ne donne lieu à un quelconque commentaire, positif ou négatif. J'enchaîne les entretiens à la radio, à la télé, en direct ou pas, avec les journalistes pour la presse écrite sans que personne autour de moi en parle. C'est comme si ce livre n'existait pas pour ma hiérarchie.

Les ennuis, en revanche, ne tardent pas à arriver. En novembre 2018, M. Georges H., le nouveau patron de la ST (ancien commissaire de Colombes), vient voir Philippe D. pour lui dire qu'il ne veut pas que j'organise une réunion avec les commissariats du nord du département.

Un mois auparavant, j'avais organisé une réunion avec les brigades locales de protection de la famille des commissariats du sud du département. L'objectif était de mettre à plat un problème lié aux assistances. En effet, l'une de nos missions consiste à les assister dans les auditions de mineurs auxquelles ils doivent procéder pour leurs enquêtes, une demande expresse des magistrats du parquet. Jusqu'à présent, nous faisions les auditions ensemble ainsi que leurs retranscriptions sur PV, ce qui prend énormément de temps. Le volume des assistances ayant quadruplé en trois ans, nous n'avions plus le temps de rédiger les PV et je leur ai dit que, dorénavant, ce serait à eux de s'en charger. Certains ont expliqué que cette nouvelle manière de fonctionner leur ferait perdre du temps, qu'ils devraient se déplacer dans nos services et qu'il serait préférable qu'ils puissent faire les auditions chez eux. Un commandant de police présent à cette réunion a acquiescé à ces remarques. Je lui ai répondu que rien ne les empêchait de les faire par eux-mêmes s'ils se sentaient à l'aise, mais que s'ils faisaient « de la merde » ce serait à eux de l'assumer. Le lendemain, Philippe D. a débarqué dans mon bureau pour m'annoncer que les propos qui lui avaient été rapportés étaient les suivants : j'aurais dit que « les effectifs faisaient de la merde ». J'ai envoyé immédiatement un message au commandant de district pour m'excuser de ce malentendu. Je n'ai pas eu de réponse. Et là, un mois après, sans que j'entende parler de rien durant ce laps de temps, M. Georges H. vient voir Philippe D.…

L'histoire d'ailleurs ne s'arrête pas là puisque M. Georges H. ne veut pas non plus que j'intervienne devant les étudiants de master 2 en psychologie comme je l'ai fait l'année précédente. Le tout en disant que si je veux des explications, je peux aller le voir. C'est à moi d'aller demander des explications concernant une décision qu'il n'a pas pris la peine de m'expliquer de vive voix ! Qu'à cela ne tienne, faisons ça. Je demande donc un entretien par e-mail dès le lendemain.

Cet entretien a lieu une semaine après. J'ai eu le temps de me calmer depuis, et c'est avec le sourire que j'entre dans le bureau pour lui demander ces fameuses explications. M. Georges H. me répond que la patronne du commissariat concerné s'est plainte à M. Patrick Q., le DTSP, rien que ça, et que ça n'a pas été agréable pour lui. Qu'en conséquence il a décidé de retirer les partenariats de mes missions – mission que je m'étais assignée toute seule pour m'occuper. Je lui dis que ce n'est pas juste et que je n'ai pas pu me défendre de ces accusations non fondées, que mon e-mail est resté sans réponse. M. Georges H. me dit qu'il ne doute pas qu'il s'agit d'une maladresse, mais que c'est ainsi. Je lui réponds qu'une maladresse et un malentendu ne sont pas la même chose, mais je sens bien que cela ne sert à rien de discuter avec lui. Son image en a pris un coup et il n'a pas eu le courage de me défendre. Il choisit donc de sanctionner. Je commence à payer la médiatisation du premier livre…

En janvier 2019, le directeur de l'École de guerre me propose de devenir auditrice de la prochaine promotion. L'École de guerre est celle par laquelle passent les militaires de toutes les armées qui deviendront un jour nos généraux. Depuis 2016, des auditeurs civils peuvent suivre la scolarité avec les officiers. Ça tombe bien, en parallèle de l'écriture d'un deuxième ouvrage, j'en prépare un troisième en collaboration avec un autre policier dans lequel je compte aborder les problèmes de management dans la Police nationale. L'intérêt pour moi d'entrer dans cette école est d'obtenir des réponses à une question épineuse : pourquoi les policiers se suicident plus que les gendarmes ? Être à l'École de guerre me permettra de résoudre cette question en rencontrant des officiers qui m'expliqueront comment fonctionnent ces corps constitués.

Comme je suis têtue, je décide également de tenter, à nouveau, le concours de commissaire de police par une voie jusqu'ici inexplorée : la voie d'accès professionnelle, déjà évoquée. J'y vais sans me préparer. Juste pour voir si sur un malentendu…

Nous sommes en mars 2019. C'est le grand saut. Je transmets mon rapport de demande de mise en disponibilité à compter du 20 juin. Cela signifie que je ne serai plus payée, mais comme je sais que mon deuxième livre, *Affaires d'ados*, va sortir en octobre et que j'y dénonce les problèmes de management dans la brigade, il vaut mieux que je n'y sois plus ! Le compte à rebours commence…

Quelques jours plus tard, Philippe D. me convoque dans son bureau et me donne quelques feuilles volantes correspondant à ma notation de l'année en me demandant de la signer. Je vois que la note est encore une fois un 5 et que, si certains items ont augmenté de quelques points, d'autres ont baissé pour que la notation finale ne passe pas à 6… La note est prise en compte dans le choix des passages de grade et la plus haute est 7. Autrement dit, en me laissant à 5, cela signifie que mon dossier n'est pas mirobolant et que tous ceux qui ont 6 ou 7 passeront avant moi.

Je poursuis ma lecture. L'un des objectifs, « développer le partenariat de la BPF avec les institutions et administrations du département en lien avec la matière mineure », est selon lui partiellement atteint.

Le commentaire est le suivant : *Le capitaine Naudin a continué à traiter des procédures « mineures » et à tenir son rôle d'adjoint au chef de brigade en dépit de la sortie d'un livre qui a rencontré un certain succès et nécessité de sa part une grande disponibilité pour en assurer la promotion. Faisant preuve d'enthousiasme et de pugnacité dans le traitement des procédures judiciaires, elle est également capable de maîtriser des dossiers complexes. Elle doit poursuivre dans cette voie.*

Et celui de M. Georges H. : *Au-delà de ses compétences professionnelles, le capitaine Naudin devra veiller à soigner la forme de sa communication institutionnelle.*

Ça, c'est très fort. On m'enlève une mission sans que j'aie pu me défendre pour ensuite me reprocher de ne pas avoir atteint cet objectif ! Le commentaire de Philippe D. n'est qu'une démonstration du fait que le livre dérange. Alors que personne n'en parle jamais, je le retrouve là, mentionné dans la notation à double tranchant, laissant supposer que cela m'a empêchée d'effectuer mon travail. Je ne dis rien. Je signe la notation sans qu'aucune parole soit prononcée.

La même semaine, je reçois un appel d'une secrétaire administrative de la DRCPN m'indiquant que la demande de cumul d'activités que j'ai faite pour être rémunérée dans le cadre de conférences, transmise en décembre 2018, a été refusée. Je m'en doutais puisque le cumul d'activités est autorisé à condition que le fonctionnaire ne soit pas à temps plein, mais comme l'administration n'est pas claire là-dessus, j'ai tout même tenté. Quelle n'est pas ma surprise quand, au lieu d'entendre un argument tout à fait justifié, elle me répond qu'une enquête de l'IGPN est en cours pour non-respect du secret professionnel en raison du premier ouvrage. Le retour fait vers la DSPAP le 1er février 2019 précise que cette décision doit être transmise à la DTSP pour que j'en prenne connaissance. Deux mois pour faire transiter un dossier, j'imagine que c'est normal ! Les bras m'en tombent. Je la questionne et lui fais remarquer qu'il serait juridiquement très compliqué pour l'administration de me refuser ce cumul d'activités pour cette raison puisque cela revient à ne pas respecter la présomption d'innocence. Je ne suis même pas au courant de cette enquête ! La malheureuse se rend compte de sa bévue, bafouille, m'indique qu'elle va revoir ça avec sa hiérarchie et qu'elle me tiendra informée.

En avril 2019, je reçois un e-mail de la secrétaire administrative de mon service avec en pièce jointe la notation de l'année 2018. Un détail me fait tiquer : je me rends compte que Philippe D. a écrit que l'entretien de notation avait duré vingt minutes, alors qu'en réalité il n'y en a pas eu. J'envoie un e-mail à M. Georges H. en mettant mon capitaine en copie : *Cette notation ne me convient pas. L'entretien n'a pas duré vingt minutes puisqu'il n'a pas eu lieu. J'ai signé la notation sans qu'il soit fait mention de quoi que ce soit. Je souhaiterais que cela soit modifié. Je vous remercie de votre compréhension.*

Deux secondes plus tard, Philippe D. vient me voir en me demandant ce que je cherche exactement. Je lui réponds tranquillement et en souriant : « Tu ne pensais tout de même pas que j'allais continuer à me laisser faire comme ça sans rien dire ? »

La discussion n'est pas allée plus loin.

J'attends huit jours d'avoir un retour. Philippe D. vient me voir dans mon bureau et me dit que c'est lui qui va faire l'entretien de notation. Je suis très déçue car je voulais que ce soit fait par M. Georges H., mais ce n'est pas encore maintenant que je vais pouvoir avoir un entretien avec lui. Au-delà du fait que je trouve humiliant qu'un commissaire de police ne fasse pas les entretiens de notation de ses officiers (nous ne sommes pas nombreux et ils sont deux pour les faire…), je le trouve particulièrement peu courageux…

L'entretien est tendu. Philippe D. me voit reprendre point par point toutes les modifications que je demande. Concernant l'évaluation des aptitudes personnelles, je lui demande pourquoi il n'y a pas de progression depuis trois ans. Il me répond qu'il n'a pas de compte à me rendre et que noter 5 trois années de suite n'est pas scandaleux. Avec le patron, ils s'opposent fermement au fait de monter ma note à 6.

Sur son appréciation générale, je lui demande ce que signifie : « Un livre qui a rencontré un certain succès et nécessité de sa part une grande disponibilité pour en assurer la promotion. » Il commence par me dire « Tu devrais comprendre, toi qui es si intelligente », d'un ton inapproprié, ajoutant que pourtant « c'est écrit en bon français ». Insistant là-dessus, il évoque le fait que « j'étais prise dans ma tête par la promotion du livre ». Je lui demande de retirer cette mention, mais Philippe D. refuse.

Je demande alors à quoi fait référence le commentaire « devra veiller à soigner la forme de sa communication institutionnelle » ? Il me dit que je n'ai qu'à voir avec le patron directement. J'aurais adoré, mais, manifestement, il n'est pas prêt à me recevoir. Je demande la suppression de cette mention.

L'entretien dure quarante-cinq minutes, durant lesquelles Philippe D. reçoit trois appels téléphoniques. Il revient une heure après pour me dire que M. Georges H. a opposé une « fin de non-recevoir à toutes les demandes ». Je signe la notation puisque je n'ai pas le choix et que c'est à la date de la signature que commencent à courir les délais pour faire les recours. Et voilà comment se passe le management dans la Police nationale...

L'analyse de mon syndicat est la suivante : « Comme le laissaient supposer subrepticement quelques formules de la notation, je pense que tu as fait des envieux et qu'on te fait payer quelque peu la rédaction et la promotion de ton livre. » Ce n'est pas moi qui le dis, ça me rassure de voir que je ne suis pas la seule à le penser ! Ils me conseillent de faire un recours hiérarchique contre cette notation auprès de M. Georges H. avant de faire un recours à l'échelon supérieur.

Je rédige le rapport dans la foulée en rapportant les propos *in situ* de l'entretien avec mon capitaine. Bien évidemment, le rapport est transmis à Philippe D. avant d'être transmis au patron. Je crois que c'est à ce moment-là qu'il fait un bond et qu'il comprend que je ne lâcherai pas l'affaire. Ce qu'il ne sait pas, c'est que c'est aussi le moment où j'arrête de culpabiliser. En effet, je n'hésite plus à décrire ses méthodes de management, dans le deuxième livre.

Dix jours plus tard, je reçois la réponse concernant mon recours de notation. Sans surprise, M. Georges H. ne m'a pas reçue et ne veut pas modifier quoi que ce soit. Soit. Je lance un recours auprès de la commission.

Juin 2019, mon dernier jour au service arrive. Je pars sans faire de bruit, sans pot de départ, sans coupe de champagne. Je ne pense pas qu'il y ait du sens à ce que M. Georges H. fasse un discours dont il n'a pas envie et de proposer à certains et pas à d'autres de venir célébrer ce moment. C'est ainsi. Cela me rend triste de partir avec mon carton à la main sans mot dire. D'autant plus que je sais que quand le deuxième livre sera sorti je serai *persona non grata* et ne pourrai plus revenir juste pour le plaisir de voir ceux qui me manquent déjà.

Je suis officiellement en disponibilité pour une durée indéterminée avec la possibilité d'une réintégration si je le souhaite. Je rends ma carte professionnelle – celle qui ne me quitte plus depuis dix ans. J'ai l'impression d'avoir perdu une partie de mon identité. J'ai quitté la police, mais je n'en prends pas encore conscience. Je suis juste en grandes vacances.

En septembre 2019, j'intègre l'École de guerre, riche d'enseignements et de rencontres. *Affaires d'ados* sort dans quelques jours, la médiatisation repart mais sans commune mesure avec le premier ouvrage. Entre-temps, Bernard Valezy, commissaire de police, me propose d'écrire un ouvrage sur les dysfonctionnements concernant les majeurs disparus, je repars donc sur les routes de France collecter les différents témoignages appuyant notre démonstration. Je rédige également le troisième témoignage sur la brigade des mineurs en choisissant l'angle des problématiques institutionnelles en lien avec l'enfance.

Puis, en janvier 2020, je suis convoquée à l'IGPN dans le cadre d'une enquête judiciaire portant sur le secret de l'instruction concernant *Affaires de famille*. La saisine du procureur de Nanterre date de septembre 2018, soit au moment de sa parution. 2019 ayant entraîné une recrudescence des enquêtes concernant les Gilets jaunes, ils n'ont pas pu me convoquer avant. C'est bien dommage puisque, entre-temps, en octobre 2019, est sorti *Affaires d'ados*, dans lequel je raconte les problèmes que j'ai eus avec les magistrats. Je vais à cette convocation avec mon avocat. La commandante qui procède à mon audition est stupéfaite d'apprendre que tout le monde était au courant de l'écriture de ce livre. J'y apprends que la saisine de Mme Denis, procureur général du 92 fait suite à une lettre écrite par l'une des juges d'instruction à laquelle j'avais demandé des conseils et de l'aide pour justement éviter cet écueil. L'audition se passe très bien. En octobre, je suis à nouveau convoquée puisque Mme Denis a demandé que toutes mes allégations soient vérifiées auprès de ma hiérarchie et des magistrats. Je réitère mes déclarations.

L'enquête administrative ayant été ouverte en même temps que la judiciaire (c'est automatique), je suis encore convoquée à l'IGPN, mais par une autre personne, n'ayant pas eu accès aux auditions de l'enquête judiciaire. Je m'y rends avec mon représentant syndical, et réexplique toute l'histoire.

En 2021, après le premier puis le deuxième confinement, les parutions des différents ouvrages auxquels j'ai participé sont reportées *sine die*. Finalement, *Enfance en danger* paraît en avril, *Avis de recherche. Témoignages de familles de disparus* début mai et *Enfances perdues*, une bande dessinée, en septembre[36]. La fin de ma disponibilité approche à grands pas et à nouveau l'heure des choix. Avec mon nouveau compagnon, nous avons un projet agricole. J'ai donc besoin d'argent pour me former et devenir agricultrice. Je demande ma rupture conventionnelle, qui est refusée puisque « je ne suis pas active ». Qu'à cela ne tienne : je choisis la réintégration le temps de l'obtenir. Je préviens ma hiérarchie, en étant transparente comme à mon habitude, et leur demande de me trouver un « placard » pour les six prochains mois.

Trois jours après, Flavien Bénazet, secrétaire général de la branche intérieure du Snuitam-FSU, me propose de rejoindre son syndicat, en adéquation avec mes valeurs et ma vision du syndicalisme, c'est-à-dire un syndicalisme qui ne défend pas seulement sa propre chapelle et demeure à l'écoute des besoins de ceux qui viennent frapper à sa porte. Il me propose même d'en devenir la porte-parole. J'accepte avec joie, ce sera ma dernière tentative de « faire changer les choses ». Je garde ma liberté de mouvement, et ma liberté de parole s'élargit. Je réintègre la police fin novembre 2021 en tant que détachée permanente du Snuitam-FSU et récupère ma carte, qui n'a cependant plus la même valeur. Je ne m'identifie plus à cette personnalité. Je suis juste là pour obtenir ce que je veux et si au passage je peux aider les autres, c'est la cerise sur le gâteau. Je choisis de m'occuper des sujets collectifs, ce qui m'amène très rapidement à

36. Naudin Agnès, *Avis de recherche. Témoignages de familles de disparus*, Massot éditions, 2021 et *Enfances perdues. Premières enquêtes*, éditions Robinson, 2021.

rencontrer des lanceurs d'alerte qui s'ignorent, tous dans des situations professionnelles très complexes. D'autres au contraire sont parfaitement conscients des enjeux et travaillent sur cette problématique depuis longtemps. C'est dans ce cadre-là que je rencontre Fabien. Il veut justement monter un collectif de lanceurs d'alerte. Le projet d'écrire ce livre naît très rapidement dans notre esprit, l'éditeur est sensible à notre cause, tout s'aligne.

C'est en cours d'écriture de ces témoignages que, en juin 2022, je reçois un courrier d'huissier de justice. Quelle n'est pas ma surprise de découvrir que l'enquête de l'IGPN dont j'ai fait l'objet a été clôturée et transmise à Mme Denis en février 2020 et que cette dernière m'a convoquée à une audience de comparution sur reconnaissance préalable de culpabilité le 1er septembre 2021. Or cette procédure n'est possible, comme son nom l'indique, que si l'auteur présumé des faits reconnaît être coupable, ce qui n'a jamais été mon cas. Cette convocation m'a été envoyée par lettre recommandée avec accusé réception, mais je ne l'ai jamais reçue… Mme Denis a signé une citation à comparaître – devant le tribunal correctionnel pour violation de l'instruction – en février 2022, soit deux ans après. Je constate que ce renvoi au tribunal a été ordonné deux mois après ma réintégration. Est-ce une coïncidence ?

Lorsque je reçois la procédure pénale, fin août, je m'aperçois alors que l'éditeur n'a pas été poursuivi pour recel de la violation du secret de l'instruction, ce qui aurait dû être le cas si l'objectif de Mme Denis était de faire respecter la loi. Je constate qu'elle a demandé à l'IGPN si cette dernière voulait se constituer partie civile. Le courrier de réponse me fait sourire puisque le commissaire lui écrit que l'IGPN ayant fait l'enquête, il lui est impossible de se constituer partie civile. Simple règle de procédure pénale que l'on apprend normalement dès les premières années de droit. En revanche, aucune des potentielles victimes de la supposée violation de l'instruction, à savoir les victimes et mis en cause des affaires, n'a été entendue ni avertie de l'audience devant le tribunal. Je ne peux que légitimement poser la question de savoir quelle est la volonté réelle de madame le procureur général ?

Du côté hiérarchique, toutes les auditions ont été faites après la sortie du deuxième livre, dans lequel je critique mes supérieurs directs sur leur manière d'agir. Leur manque d'objectivité n'est donc pas difficile à démontrer. Par chance, M. Patrick Q., le DTSP du 92, reconnaît avoir reçu une épreuve du livre avant sa parution et que je lui ai demandé s'il était opportun d'en envoyer une aux magistrats, e-mail auquel il avoue n'avoir jamais répondu. Je sais que dorénavant la machine est en route, que l'administration n'attend que la décision judiciaire pour m'attaquer sur le volet administratif et que la sortie de ce livre ne fera qu'accélérer ce mouvement. Je viens de mettre le pied dans l'engrenage…

Fabien Bilheran

« Le monde est dangereux à vivre !
Non pas tant à cause de ceux qui font le mal,
mais à cause de ceux qui regardent
et laissent faire. »

Albert Einstein

À la fin des années 1990 et à l'aube du nouveau millénaire, toute ma bande de copains de collège, de lycée ou du quartier a déjà expérimenté le cannabis. La drogue est à tous les coins de rue et n'épargne aucune classe sociale. Bien que grandissant dans un environnement paisible, j'observe impuissant l'emprise grandissante de la consommation de stupéfiants : cannabis, cocaïne, crack, speed, ecstasy, médicaments… Je pourrais citer une longue liste de connaissances qui consomment ou qui sont impliquées dans le trafic de stupéfiants, du plus petit niveau jusqu'au trafic international.

Alors que je suis étudiant en sciences et techniques des activités physiques et sportives (Staps), lassé de livrer des meubles pour financer mes études, je m'interroge sur mon avenir. Élevé auprès de nombreux gendarmes et fort de mes connaissances acquises à observer des vies brisées par la drogue, je décide de prendre mon destin en main. Âgé de 22 ans, mon choix est arrêté : intégrer la « brigade des stups du 36 », vitrine de la Police nationale, pour lutter au mieux contre le trafic de drogues.

Je réussis le concours de gardien de la paix en 2007 et j'intègre l'école de police de Nîmes au sein de la 218e promotion des gardiens de la paix. Au moment de décider de l'affectation, je suis indécis. Le choix des postes est restreint : Paris ? ou Paris ? Je ne connais rien de la région parisienne. Pour l'instant, je veux seulement apprendre le métier de policier sur le terrain. Je sollicite donc les conseils de mon formateur, qui me demande :

« Tu veux faire quoi dans la police ?

— Je veux aller à la brigade des stups.

— Prends Colombes. »

Voilà comment je suis devenu « colombien ». En quelques secondes.

LE COMMISSARIAT DE COLOMBES

Je suis donc affecté au commissariat de police de Colombes en 2009. C'est un vieux bâtiment inadapté et mal entretenu. Un lieu atypique. Il a d'abord été utilisé comme maison close, puis comme maternité, avant de devenir un commissariat.

Là-bas, je passe quatre années à police secours, le b.a.-ba du métier. Sur le terrain, la police secours répond aux appels au 17. Nous sommes au plus près des situations d'urgence, au quotidien, confrontés chaque fois à des missions différentes. Autant dire qu'il faut savoir s'adapter et faire face en permanence à l'imprévu. C'est une très bonne école pour apprendre le métier. Dès mon premier jour de patrouille, mon équipage est appelé pour un homicide en pleine rue. Un « règlement de comptes », selon l'expression galvaudée. L'intervention est difficile, les mères de famille, sidérées, nous reprochent de ne pas avoir été là au bon moment pour empêcher le drame, la mort de ce jeune père de famille de 23 ans. Pendant notre intervention, nous recevons un message radio d'urgence : « Un individu s'est évadé du commissariat. Il a sauté par la fenêtre du deuxième étage. Il est en garde à vue pour viol. Il a pris la fuite en direction de… » Je me retourne vers mes deux équipiers et leur demande :

« C'est comme ça tous les jours ?

— Bienvenue à Colombes ! » me répondent-ils en chœur.

Très vite, je m'adapte à ce nouvel environnement. J'intègre les codes policiers sans trop réfléchir. Je me fonds dans le groupe et le corporatisme. Je pense police, je dors police, je vis police. Je fais tout pour être intégré même si pour réussir à entrer dans certains cercles policiers, il faut tenir des propos racistes. Une norme partagée par beaucoup, à laquelle j'adhère, inconsciemment.

Homicides, violences, cambriolages, accidents de la route… Tout y est. Les missions les plus diverses ponctuent mes jours et mes nuits. Dès que possible, je quitte le véhicule et marche dans les quartiers, à l'écoute des diverses sollicitations. Un lien précieux avec la population se crée durant ces longues patrouilles, entrecoupées d'interventions soudaines. Le « renard argenté », chef de ma brigade, favorise la formation de ses adjoints. Il tient son rôle de superviseur tout en nous protégeant des humeurs aléatoires de l'administration. Je me sens utile, privilégié et bien entouré. Une période qui, hélas, sera de courte durée.

PREMIÈRE RENCONTRE AVEC LA « POLICE DES POLICES »

Très vite, en 2010, je vis ma première passe d'armes avec l'Inspection générale de la Police nationale (IGPN). La réputation effrayante de la « police des polices », véhiculée dès l'école, n'est pas à la hauteur. La méfiance et la peur font partie de l'apprentissage des policiers. Ils pensent que rien n'échappe aux « bœuf-carottes », surnom donné aux membres de l'IGPN, qui prennent le temps de cuisiner leurs suspects.

Lors de ma prise de service un matin, à 6 heures, l'effervescence est à son comble dans le commissariat, habituellement plutôt calme aux aurores. Deux individus se sont évadés pendant la nuit. Ils étaient enfermés dans une cellule dont la fenêtre, de 18 centimètres de large pour 64 centimètres de haut, a été retrouvée par mes collègues à même le sol. Un trou de souris. Je prends la relève pour la mission de surveillance des gardes à vue et j'ai pour instruction d'attendre l'arrivée de l'IGPN, qui va effectuer les constatations utiles à l'enquête. Tous les scénarios défilent dans ma tête jusqu'à leur arrivée, vers 9 heures. Ils observent les lieux, effectuent les relevés nécessaires et repartent très vite avec une conviction : les collègues de nuit ont laissé la clé sur la serrure et c'est une faute professionnelle. Autrement dit, les policiers sont coupables. Mais « en aucun cas un être humain ne peut passer par cette ouverture »...

Comment peut-on conclure aussi vite à la culpabilité de deux policiers avec le peu d'éléments collectés ? J'en parle à mon chef, qui se range à la conclusion de l'IGPN. Je ne suis pas d'accord avec lui et j'aime le challenge : « On parie que je passe par la lucarne ? »

Pari tenu. À la fin de mon service, je me fais enfermer dans la cellule et commence à sortir tout sourire en me faufilant par l'ouverture. Mes collègues hallucinent ! Ils me demandent de recommencer, alertent tout le commissariat, et je m'exécute une nouvelle fois devant la caméra d'un téléphone et sous les yeux de ma hiérarchie. Ma conclusion : les individus, déjà agressifs la veille, n'ont cessé de frapper contre la vitre de la cellule et celle-ci, dans le même état délabré que tout le commissariat, a fini par céder. D'un gabarit plus fin que le mien, les deux en ont profité pour se faire la malle.

Le soir même, je reçois un coup de téléphone. C'est mon commissaire[37] :

« Bilheran ! Vous vous foutez de ma gueule ?

— Excusez-moi, patron, je ne comprends pas.

— Vous n'avez rendu compte à personne de votre passage en cellule !

37. Les différents grades sont détaillés en annexe I : « Les grades dans la Police nationale ».

— Mais, patron, je vous ai montré la vidéo ! »

Il me coupe : « Stop ! Je suis avec le patron de l'IGPN, vous êtes convoqué demain à 8 heures. »

Je me pose beaucoup de questions sur ces méthodes et l'attitude lâche du commissaire, mais je m'y rends assez serein.

Une fois arrivé, un officier me reçoit et se comporte de manière bien trop gentille pour être honnête. Je lui déroule les faits et, une fois qu'il a tout noté, il m'interrompt : « Arrête de te foutre de ma gueule ! Tu racontes n'importe quoi pour sauver la peau de tes collègues ! »

Je réponds calmement : « Nous n'allons pas débattre de la véracité de mes propos, venez à Colombes, je vous montre. »

Il regarde sa collègue avec un sourire satisfait, persuadé de m'avoir piégé à mon propre mensonge et se contente d'un : « Avec plaisir. »

Je revois encore leurs têtes et celles de la hiérarchie quand, en dix secondes, sans faire de bruit, je me suis extirpé à nouveau de la cellule de garde à vue.

Mes collègues, en poste la nuit de l'évasion, ont reçu un blâme, mais pas l'exclusion promise[38].

Par la suite, l'IGPN me convoque à plusieurs reprises pour me mettre en cause dans des affaires toujours plus ubuesques et délirantes. Par vengeance pour son discrédit ? Je ne sais pas.

L'IGPN s'intéresse également à mon commissaire et à ses excès en tout genre, comme un accident corporel de la circulation avec un avocat après un repas arrosé. Olivier F.

38. Voir annexe II : « La procédure disciplinaire ».

est interpellé quelque temps plus tard, à 6 heures du matin à son domicile. Il est condamné par la justice à huit mois de prison avec sursis – pour avoir fait disparaître des cartons remplis de timbres-amendes, une façon d'annuler les milliers d'amendes des conducteurs verbalisés qui sollicitaient son indulgence : corruption, trafic d'influence, violation du secret professionnel… La police le sanctionne à son tour de manière administrative : déjà en âge d'être à la retraite, son contrat ne fut pas prolongé…

Après ces quatre années initiatiques, je quitte l'uniforme et postule pour devenir enquêteur. Je demande le service des stups du commissariat de Colombes, mais l'officier me dit : « C'est trop tôt pour les Stups, vous allez faire vos preuves. »

Je me retrouve alors affecté au groupe « Vols violences ».

LE SERVICE JUDICIAIRE DU COMMISSARIAT

Ma première mission : centraliser les procédures auprès de tous les collègues concernant les vols de téléphones portables. Le volume d'heures supplémentaires augmente d'un cran, mais celles-ci ne sont pas payées. Un investissement fructueux : nous interpellons une bande organisée de 25 personnes pour des vols violents de smartphones au préjudice de lycéens des beaux quartiers de Colombes. Le commissariat est fermé une semaine pour accueillir les 83 victimes et les gardes à vue. La cohésion de tous les policiers a permis l'aboutissement de cette enquête locale hors norme. La semaine fut intense, exigeante et parfois très tendue. Nous présentons aux victimes les individus interpellés, par groupes de cinq derrière une vitre sans tain. Parmi les suspects, certains sont restés enfermés plus de quarante-huit heures déjà et l'infraction retenue d'« extorsion en bande organisée avec arme », passible d'une peine de prison à perpétuité, les rend nerveux. Ils s'en prennent verbalement aux victimes en les menaçant sans les voir. Le second commissaire rencontré dans mon parcours à Colombes est présent. Il s'agit de Vincent A. Il déclenche une bagarre générale en frappant de plusieurs grands coups de poing au visage le plus volubile, certes très vulgaire et insultant. Le jeune a 15 ans. Personne n'ose dénoncer ces violences, il y en a même qui sont ravis à l'idée de l'exemple qu'elles donnent et les légitiment ainsi. Pourtant, cette violence du commissaire n'est pas sans conséquences sur le quotidien des policiers. Quant à l'adolescent frappé, il radicalise son comportement envers tout uniforme bleu. La défiance se transforme en haine. À la vue des policiers, il devient incontrolable. Il sera condamné à sa majorité pour avoir menacé de « rafaler » plusieurs agents.

Je perds de vue ce commissaire après sa mutation, jusqu'à ce qu'il fasse de nouveau parler de lui, en 2019. Il est alors chef à Mantes-la-Jolie. Une vidéo de lycéens circule : à genoux face à un mur, mains sur la tête pour certains, tandis que d'autres sont menottés dans le dos. La vidéo provoque l'indignation des parents et fait le tour des réseaux sociaux. Quand j'apprends qu'il est responsable, je ne peux m'empêcher de me dire de manière cynique qu'il s'occupe toujours aussi bien des adolescents…

LA MINIBRIGADE DES STUPS

La résolution de cette affaire me propulse à la brigade des enquêtes d'initiative (BEI) : brigade des stups du commissariat. Un grand pas vers mon objectif : le 36, quai des Orfèvres. Nous sommes quatre pour gérer les dossiers de trafics et ceux liés à l'économie souterraine de la ville. Colombes est réputée pour le commerce visible de drogues dans les Hauts-de-Seine : tous les services de police du département s'y retrouvent. Ce qui génère beaucoup de flagrants délits. Nous n'avons que peu de temps pour l'initiative, trop occupés à traiter le flux constant des gardes à vue (en moyenne entre trois et quatre par jour). Une véritable usine d'ouvriers de police judiciaire. J'atteins les huit cents heures supplémentaires par an. Mon réseau de « tontons », le surnom donné aux informateurs, me permet d'être avisé immédiatement en cas de tentatives d'assassinat liées au trafic de drogue, en quelques secondes parfois, avant même que la police soit sollicitée. J'exerce mes missions avec envie, détermination, malgré certains échecs. La gestion des informateurs n'est pas une science exacte, loin de là. Il est arrivé que l'opération policière déclenchée sur mes recommandations n'aboutisse à aucun résultat. Je me souviens notamment d'une fois, une opération menée avec la sûreté territoriale (ST). Nous avions tenté d'interpeller un fugitif, à la tête d'un puissant réseau local. Chou blanc à l'adresse donnée. Notre mode de fonctionnement, toujours le même, en est la cause. On a l'habitude de « péter » les portes le mardi à 6 heures du matin. Le lundi sert à vérifier que tout est en place pour le lendemain et une garde à vue pour stups durant quatre-vingt-seize heures, le déferement devant le magistrat est planifié le vendredi après-midi, avant le week-end. Les délinquants cherchant à éviter une interpellation le mardi à 6 heures se lèvent donc à 5 heures pour aller finir leur nuit à l'hôtel.

Pour enrayer ce problème, on décide de changer nos méthodes, de décaler les opérations à des horaires « imprévus », augmentant ainsi sensiblement les chances d'interpellations et de saisies, celles-ci pouvant passer de zéro à plusieurs kilos de drogue, sans oublier les armes et souvent beaucoup d'argent.

UN TOURNANT DANS LA POLICE

2015. La colère couve dans les rangs. C'est un tournant majeur dans la police ces dernières années. Les conditions de travail ne s'améliorent pas même si l'attentat de *Charlie Hebdo* et la série d'actes terroristes meurtriers en France rappellent tous les policiers à leurs devoirs et à leurs missions de protection de la population. Je participe à la marche du 11 janvier, rassemblant plusieurs millions de personnes. Beaucoup partagent un mot de sympathie avec les policiers. Certains applaudissent les camions de CRS. Si ces événements permettent aux policiers de retrouver du sens à leur métier, ils ont aussi eu pour incidence de choquer et de libérer, voire d'encourager, les discours racistes chez nous, à tous les niveaux hiérarchiques. Certains, décomplexés, traumatisés par l'horreur des attentats, cèdent à la haine et aux sirènes de l'extrême droite. Je commence à porter une oreille attentive à ces discours qui me dérangent de plus en plus, car ils polarisent toute discussion.

C'est à ce moment-là que je pars en formation OPJ (officier de police judiciaire) à Oissel pour obtenir ma qualification. C'est l'occasion d'un grand bol d'air pendant quatre mois. Mais à mon retour, rien n'a changé. Pire, je me sens piégé. Le troisième commissaire de ma carrière pose ses valises à Colombes. Le 1er avril 2015, le jour de sa prise de fonction, une opération est menée contre un trafic local qui permet la saisie de 10 kilos de cannabis.

Ce résultat et la bonne humeur qui en résulte ne l'empêchent pas de refuser mes demandes de stage et de mutation sous prétexte d'un « contrat moral ». En effet, les commissaires profitent de notre formation OPJ pour nous imposer une sorte de retour sur investissement, par rapport au temps « perdu » à l'école de police, soit en ce qui me concerne deux ans avant d'avoir la possibilité de partir du service. Je lui rappelle que personne ne m'a fait de cadeau pendant cette formation, car, étant gestionnaire des informateurs, j'ai continué à travailler après les cours pour la construction des dossiers judiciaires, notamment celui qui lui a permis de si bien commencer. Je lui dis que ce temps de travail n'a pas été compté et que je n'ai signé aucun contrat, même à l'oral. Il n'existe aucun texte réglementaire qui définit cette contrainte. Elle est pourtant pratiquée dans tous les services, sans réaction des syndicats.

COOPÉRATION POLICIÈRE

Malgré tous ces dysfonctionnements qui commencent à peser lourd, la passion de l'enquête reste forte. Mon objectif de lutter contre le crime organisé demeure inchangé. Je fais tout ce que je peux pour obtenir la coopération des diverses unités afin de coordonner notre travail à Colombes. Leurs compétences sont mises à contribution de manière stratégique en fonction des besoins d'enquête. Les policiers réalisent que les opérations coups-de-poing et la course après les sacoches de dealeurs ne servent à rien face à la criminalité. La police secours, la brigade territoriale de contact (BTC), la brigade anticriminalité (BAC), la brigade spécialisée de terrain (BST), la compagnie de sécurisation et d'intervention (CSI), la BEI, la ST, y compris les sections de recherches de la gendarmerie nationale (SR), coopèrent, dans une approche de police de proximité réflexive. L'objectif : obtenir la confiance de la population et, donc, des informations précieuses…

La hiérarchie a beau inciter à court terme ou interdire la « collaboration avec les Cruchot », l'adhésion de tous finit par être bénéfique. Ainsi, nos enquêtes aboutissent à des condamnations lourdes pour les trafiquants. Le gérant du plus problématique point de deal colombien, par exemple, sera condamné à huit ans de prison ferme. Un succès qui n'empêche pas le « four », le point de deal, de poursuivre son activité.

LA NUIT DU BATACLAN

13 novembre 2015. « Robert », un informateur, se fait contrôler Porte Maillot, à Paris, au volant d'un véhicule. Il est en infraction. Le policier l'informe qu'il va être verbalisé. Il fanfaronne devant l'agent : « Vous n'avez pas mieux à faire avec les terroristes ? »

Le ton monte et il m'appelle pour que j'intervienne en sa faveur. Même si je sais que le collègue va mal le prendre, pour moi, c'est un moyen de le garder sous contrôle afin d'obtenir des informations. Après avoir obtenu satisfaction, Robert repart sans amende. Je ne me gêne pas pour lui rappeler le principe d'un minimum de discrétion, de respect des règles et l'invite à me renvoyer l'ascenseur.

Quelques minutes plus tard, je reçois une information de premier plan : la localisation d'un homme, à 100 mètres du commissariat, qui détient 50 grammes de MDMA et un peu de cocaïne. J'appelle la BAC pour leur donner le tuyau. Leur chef me snobe et finit par me dire qu'il « a autre chose à foutre ».

Il est 22 h 45… Le temps de me rendre compte de l'horreur des attentats de Paris et Saint-Denis, j'informe le commissariat que je suis disponible en cas d'activation d'un plan de rappel et vers minuit je contacte Robert : « Tu te fous de ma gueule ? Tu fais le beau à parler terrorisme juste avant les attentats ? Ils vont croire quoi, mes collègues, maintenant ? Que je suis complice ? Que tu savais ce qui allait se passer ? »

Il passe la nuit à s'excuser, à dire qu'il ne savait pas, qu'il avait dit ça comme ça, qu'il est de mon côté, que c'est dégueulasse et qu'il va me le prouver. Il me conduit dans tous les recoins du nord des Hauts-de-Seine susceptibles de dissimuler des armes. Obtenir ce type d'informations devient indispensable en pareilles circonstances. Je passe donc des heures dans sa voiture à prendre des notes et des photos en me faisant passer pour son cousin. Six heures du matin, je me présente au commissariat pour aider si besoin. Nous sommes huit policiers à être revenus spontanément. Aucun membre de la hiérarchie ne daigne se déplacer pendant le week-end. Et selon eux, le lundi, mes informations ne sont pas urgentes à traiter.

Répondre à la demande de la préfecture pour effectuer des perquisitions administratives est la priorité. Ridiculisé par les loupés ayant permis aux terroristes de massacrer 131 personnes et d'en blesser près de 2 600, l'État doit réagir par une action forte pour « terroriser les terroristes ».

L'État d'urgence décrété par le président de la République permet, à n'importe quelle heure de la nuit, en dehors du classique 21 heures-6 heures, de pénétrer dans les domiciles pour y effectuer des perquisitions, sans motif légal autre que l'accord du préfet. Un premier objectif nous est attribué. Il s'agit d'une personne totalement inconnue. Après quelques vérifications élémentaires, il s'avère qu'elle n'habite plus à l'adresse fournie depuis près de vingt ans. Mieux, un couple de personnes âgées se trouve derrière la porte que nous allions fracturer en pleine nuit. Malgré l'évidence du ridicule, il faut de longues heures de négociations avec la hiérarchie pour que l'opération soit annulée. Quelque temps plus tard, une réunion est organisée dans le bureau du commissaire. Mon avis sur de potentielles cibles de djihadistes ou de trafiquants d'armes l'intéresse. J'ai beau lui expliquer que traiter les informations avec des semaines de retard n'est pas pertinent, il insiste. Son adjoint est fier de prendre en photo les couteaux et sabres découverts, mais aucune trace d'armes à feu. N'importe quel policier le sait : il n'y a pas de stocks d'armes, les trafiquants exerçant à flux tendu. Il s'agit de faire du chiffre, alors on compte les couteaux et on remplit les tableaux de saisies d'armes. Certains services en ont profité pour entrer « inopinément » chez des dealeurs, les surprendre à une heure dont ils n'ont pas l'habitude et maximiser ainsi leurs chances de saisies[39].

La formation OPJ m'a fait beaucoup de bien. Je maîtrise mon sujet. J'ai l'impression d'être épanoui, le sentiment d'être un gardien de la paix apprécié par ses pairs, reconnu pour la qualité de ses relations avec les citoyens et l'ensemble des services partenaires. Je suis un élément moteur dans mon travail et en dehors. Mon objectif, le 36, quai des Orfèvres, se rapproche. Du moins, j'y crois…

En attendant, les moyens accordés ne sont pas à la hauteur de nos missions. Les services d'investigation du commissariat comptent environ 20 enquêteurs. Nous partageons une seule voiture, une 106 blanche d'un autre temps, sans le gyrophare ni le « deux-tons ». Nous avons le droit de nous en servir, mais pas pour les missions opérationnelles. J'en suis parfois réduit à utiliser mon véhicule personnel. Je ne compte pas mes heures. Déjà, à l'hiver 2011, avec le système des heures supplémentaires défiscalisées mis en place par Nicolas Sarkozy, président de la République, je

39. Le phénomène a été illustré au cinéma dans le court-métrage *Descente*, de Mehdi Fikri.

comprends vite le fonctionnement : « Travailler plus pour gagner plus. » La vie est chère en région parisienne, et toute solution permettant de payer les factures est bonne à prendre, y compris faire les vendanges pendant mes congés. L'avantage policier de travailler plus, c'est une présence plus grande au contact de la population qui garantit une connaissance plus fine de la délinquance. Mais ce n'est pas sans inconvénient.

Une urgence en chasse une autre. Jusqu'en août 2016…

BURN-OUT

Je commence à être rongé par les insomnies sans savoir pourquoi. Mon irritabilité avec mes proches augmente. Le sport ne suffit plus à mon équilibre.

J'accepte d'être arrêté pour la première fois de ma carrière, en septembre 2016. Un choix difficile. Le premier jour de ce « congé maladie ordinaire », je pars courir pour me vider la tête et croise sur le chemin le commissaire Georges H. Semblant compréhensif, il me propose un aménagement du temps de travail à mon retour au service pour éviter le burn-out. J'ai déjà évoqué en réunion nos difficultés et il a promis des renforts pour notre groupe. La réalité est bien évidemment tout autre à ma reprise : je récupère une charge supplémentaire avec la prise de plaintes et des tours de garde à rester statique avec le lourd gilet pare-balles qui nous écrase les vertèbres. Le commissaire ne tiendra pas parole.

8 octobre 2016. Viry-Châtillon. C'est le choc. La sidération. Vincent et Jenny, deux policiers, sont brûlés dans leur

voiture sérigraphiée. Un groupe les a enfermés au milieu des flammes des cocktails Molotov. Leur mission ? Surveiller une caméra de surveillance.

Ras-le-bol d'être utilisés au détriment de notre sécurité et de nos concitoyens. La révolte générale est improvisée. Plusieurs centaines de policiers se retrouvent à manifester spontanément dans la rue partout en France. Dois-je m'y engager pleinement ? Est-ce l'occasion tant espérée intérieurement d'améliorer le fonctionnement de la police ?

Rapidement, j'organise, fédère mes collègues et passe mes nuits à manifester dehors après le travail. Nous avons tous peur de l'IGPN et des représailles de la hiérarchie. Ce qui en dit long sur le rapport de confiance entre les policiers de terrain et les commissaires. L'appréciation administrative aléatoire de l'obligation de réserve imposée aux policiers est une arme contre les manifestants. Nous risquons des sanctions et nous le savons. Mais la cause est trop importante. Je franchis le pas en acceptant une intervention sur France Inter, le 24 octobre, dans l'émission « Le téléphone sonne ». Je suis stressé, mais bien préparé. Le lendemain, je deviens sans l'avoir voulu un des porte-parole du mouvement des policiers en colère. En dehors de vagues souvenirs de lutte des mineurs de Salsigne, en 1992, auxquelles mon père participait activement, je n'ai aucune culture politique militante.

Je décide d'accrocher sur les grilles du commissariat de Colombes le drapeau tricolore sur lequel j'ai inscrit « Policiers en colère ». Cet acte totalement assumé n'a qu'un seul but : obliger au dialogue cette hiérarchie qui ne voit que ses tableaux, qui n'est que très rarement sur la voie publique, pratiquement jamais en danger, qui nous dicte des conditions de travail indignes et qui donne des ordres révoltants.

Je suis convoqué par le commissaire, furieux, qui m'ordonne la rédaction d'un rapport d'explication sur les « raisons de la colère » et qui m'informe lancer une enquête administrative avec demande de sanction à la direction. Il refuse le dialogue.

Quelques jours plus tard, c'est au tour du directeur de la sécurité de proximité de l'agglomération parisienne[40] (DSPAP). Il me propose de venir avec une personne de mon choix pour une discussion informelle en présence de M. Cadot, alors préfet de police de Paris, et du porte-parole du ministère de l'Intérieur. D'autres fonctionnaires sont conviés. Je décide d'y aller seul. En plus des huiles, nous sommes sept policiers, dont Guillaume Lebeau, une des figures de notre mouvement. Deux heures quarante d'échanges pendant lesquels on déballe les problèmes, les dysfonctionnements et les revendications collectées auprès des collègues. Le dialogue est parfois musclé, parfois fuyant. Le directeur ne veut pas répondre concernant le montant des indemnités de responsabilité de performance[41] (IRP). L'opacité est savamment entretenue pour ne pas susciter le scandale. L'IRP contribue à entretenir la pression hiérarchique sur les subordonnés, qui doivent se justifier par des

40. Direction créée en septembre 2009 quand le préfet de police de Paris s'est vu confier la sécurité publique des départements de la petite couronne.

41. Cette indemnité est calculée selon un pourcentage complexe qui dépend directement des objectifs chiffrés donnés aux commissaires de police et qui influencent donc directement les statistiques du ministère de l'Intérieur.

statistiques, elles-mêmes modifiées pour satisfaire les attentes et les mises en paiement. Un gardien de la paix touche au mieux une prime de 600 euros annuelle pour « bons résultats » tandis qu'un directeur peut toucher des dizaines de milliers d'euros, soit plusieurs fois le salaire annuel d'un gardien de la paix ou d'un adjoint de sécurité.

Nos interlocuteurs prennent des notes, et certaines de nos revendications sont entendues puisque les gardes statiques épuisantes et inutiles devant les commissariats ou les caméras de surveillance sautent le lendemain pour devenir des patrouilles dynamiques. Des pistes de réflexion concernant l'amélioration des équipements et des conditions de travail sont promises.

Les échanges se terminent par un dernier conseil du préfet de police, dont la menace est à peine voilée : « Le message que je reçois depuis quelques semaines, c'est que quand même… on fait dans notre culotte, je résume la phrase d'introduction pour vous situer l'origine. […] Je n'ai pas l'intention d'ouvrir un troisième front de discussions. Vous m'avez donné un certain nombre d'éclairages. J'apprécie. C'est intéressant et réfléchi. Mais c'est dans les commissions [avec le préfet], avec les hiérarchies, avec les représentants locaux des syndicats comme le ministre l'a défini. […] Mais enfin, si ça dure trop longtemps, on va être obligés évidemment, je vous l'ai dit et vous m'avez entendu, de passer à des phases dont la nature me semblerait mauvaise… »

Ce « grand débat national » annoncé par le préfet n'est en réalité qu'une mascarade. Les consultations se font en présence syndicale et préfectorale dans les commissariats, avec toute la hiérarchie. Personne n'ose parler sans crainte d'être ciblé. Les cahiers de doléances sont déjà faits par nos soins. Alors, à quoi bon animer cette messe ? Il s'agit, pour la force « tripartite » – gouvernement, administration policière et syndicats –, de reprendre le contrôle et le pouvoir, tout simplement.

Le message est reçu cinq sur cinq. Nous allons finir en conseil de discipline. Au début, je crois naïvement que le jeu se joue dans les règles et ne me doute pas des conséquences : je suis prêt à assumer une sanction disciplinaire, mais je n'imagine pas l'acharnement qui suivra. Pour le policier que je suis, c'est d'ailleurs tout simplement impossible d'imaginer que cela puisse se produire à l'intérieur de la maison.

L'ASSOCIATION MOBILISATION DES POLICIERS EN COLÈRE (MPC)

Nous dérangeons. Il faut déclarer nos manifestations, mais nous souhaitons rester libres et indépendants. Hors de question de dealer avec les syndicats majoritaires qui ne représentent que leurs propres intérêts. Une solution évidente s'impose alors à nous : la création de l'association Mobilisation des Policiers en colère, dont Maggy Biskupski devient présidente. Elle apporte une troisième voix, différente de celle de l'administration et de celle des représentants du personnel. Le collectif est constitué. Nous organisons la première manifestation policière nationale déclarée, en dehors de tout cadre syndical, au mois de décembre. Monsieur le préfet ne peut rien nous reprocher. Nous sommes dans les clous.

À l'issue de cette manifestation, je quitte l'association. Je suis épuisé. Pendant tout ce temps-là, le commissaire ne me lâche toujours pas. Ses officiers n'hésitent pas à trouver le moindre prétexte pour dévaluer la qualité de mon travail publiquement : « Vous ne pouvez pas mettre cinq heures pour une prise de plainte. Il faut aller plus vite. » Ou encore : « Vous n'êtes pas là pour faire du travail de police judiciaire mais pour faire de l'abattage et traiter les dossiers. »

Ils ne semblent pas concevoir que prendre le temps de mettre en confiance cette femme au visage tuméfié, en larmes, avec son garçon de 5 ans dans les bras, est indispensable. Les faits rapportés sont si difficiles et si longs que le procès-verbal (PV) de plainte comporte huit pages. Elle a pu, pour la première fois, trouver le courage nécessaire pour franchir enfin la porte d'un commissariat, malgré la promesse de lourdes représailles de la part de son mari. Je me moque des injonctions de la hiérarchie. Je considère qu'il est de mon devoir de le prendre, ce temps, afin d'accueillir et d'accompagner cette femme dignement.

Cette situation me révolte. Entre les nuits blanches et la perte d'appétit, j'ai fondu sans m'en rendre compte. Tous les matins, la boule au ventre grossit.

Mais je ne lâche pas pour autant ma hiérarchie. Je les inonde de rapports pour garder des traces de tous les dysfonctionnements au commissariat de Colombes : les véhicules qui ne passent pas le contrôle technique, les menottes fournies « en attendant », rouillées, qui tardent à être changées, ou mieux, mon gilet pare-balles doublement étiqueté. Sous l'étiquette « originale » où est inscrit mon nom, je découvre une seconde étiquette portant celui d'un autre fonctionnaire. Mon gilet pare-balles a été réutilisé, il est périmé. Il m'avait été fourni et présenté comme neuf à l'école de police.

En 2015, j'ai pourtant récolté des renseignements concernant des risques réels de « règlements de comptes » ou plus justement d'assassinats, soit une liste nominative de personnes à surveiller de près. Les menaces sont sérieuses : les policiers prennent des risques au contact de ces individus armés et déterminés. Les noms et les informations cités dans mes rapports auraient dû permettre une enquête ciblée. Un de mes collègues de la CSI, un civil, se retrouve un jour nez à nez avec l'un d'eux pointant un revolver sur lui. Ces mêmes noms sont revenus dans des homicides ou tentatives par la suite, ou encore comme étant impliqués dans la tentative de meurtre par balle de deux policiers dans une zone industrielle à Herblay, le 7 octobre 2020.

LE DÉBUT DU CALVAIRE

Revenons à l'automne 2016, qui fut une période particulièrement difficile. Un incident notamment me fait ouvrir les yeux : menacé de mort par un fiché S, je dépose plainte. Nous sommes post-Bataclan, cela veut dire tension maximale dans les services. Malgré cela, je vais au tribunal sans protection fonctionnelle[42], sans avocat et sans hiérarchie. C'est à ce moment-là que je comprends que je suis seul, que

42. Voir annexe III : « La protection fonctionnelle des agents de l'État poursuivis ».

nous sommes seuls. Les vingt-quatre mois de prison dont dix-huit ferme dont il a écopé, ainsi que les 1 500 euros de dommages et intérêts que je n'ai jamais perçus me réconfortent un peu. Maigre compensation, cependant, face à la certitude qu'en situation de danger nous sommes finalement peu, très peu protégés.

Fin décembre 2016, une grosse opération avec la ST est prévue. Ça veut dire quatre jours de boulot non-stop de 6 heures à minuit. Ce service me fait les yeux doux pour me recruter et met à profit mes connaissances de terrain, notamment pour une longue enquête sur la cité Total, un des points de deal, ou « four » dans le jargon, les plus violents de la région. Des mois passés au contact d'un informateur permettent de révéler tout le fonctionnement du trafic de cannabis, où l'esclavage et la torture ne sont pas des mots trop forts : doigts coupés, brûlures de cigarettes, violences en groupe ou encore obligations de travail justifiées par des dettes fantaisistes. L'omerta la plus totale règne sur le quartier. Le chef du réseau, qui pilote le tout de sa cellule de prison, est condamné à huit ans ferme. Il ne fait pas appel et justifie son rôle d'organisateur du trafic en expliquant que, avant lui, on y vendait de l'héroïne. La ST profite de la fin de cette enquête pour me voler le précieux informateur, le « four » concurrent pour faire un ménage sanglant et les chefs de service pour se placer dans la réunion de fin d'année à la préfecture.

Le week-end qui suit, je suis de permanence. Je demande des jours pour ma « descente de perm », mais le commissaire refuse sous prétexte que le pourcentage d'absents est déjà atteint au niveau du commissariat. Il avait déjà accordé des jours de congé en plus à d'autres fonctionnaires d'autres brigades, ce qui n'est pas réglementaire, une fois de plus. Le lundi suivant, je m'écroule de fatigue. Je vais voir mon médecin, qui m'arrête une semaine. Le lendemain, je fais un malaise cardiaque. J'appelle des collègues pour qu'ils m'emmènent à l'hôpital. Rien de grave selon les médecins, j'ai seulement besoin de repos et de l'attention régulière d'un cardiologue.

Les deux semaines de congé que j'ai posées pour les fêtes de fin d'année tombent à pic, allongeant ainsi le temps donné par le corps médical pour me reposer vraiment.

Pendant ces trois semaines, en dehors de quelques proches collègues, personne au commissariat ne prend de mes nouvelles. Mieux, dès mon premier jour de reprise, je suis interpellé par l'officier pour « absence illégale », car je ne suis pas revenu au travail entre mon arrêt maladie et mon congé pour faire ma feuille de jonction[43]. Mes congés étant inscrits sur le tableau prévisionnel réglementaire auquel tout le monde a accès, ils ne peuvent cependant pas m'incriminer pour un abandon de poste. Un coup de pression de plus.

Les jours suivants, l'officier référent m'attribue plus de tâches que je ne peux en accomplir. Par exemple, prendre les plaintes alors que je suis le seul OPJ dans mon unité pour

---

43. La feuille de jonction est un papier administratif qui doit être signé par la hiérarchie pour que les congés demandés soient validés et saisis dans l'outil administratif qui gère la comptabilité du temps fonctionnaire.

gérer quatre gardes à vue. Ou encore la rédaction d'un PV, dont il avait la charge – ce qui revient à faire un faux en écriture publique –, et tout un tas de rapports ubuesques pour « justifier mes prises de décision en qualité d'officier de police judiciaire ». En somme, il s'agit de tout faire pour me pousser à la faute. Je bouillonne intérieurement, mais je parviens à garder mon calme et demande à l'officier d'arrêter de me mettre la pression : « Je ne ferai pas de faux procès-verbal. Je ferai une tâche après l'autre et je gère en premier les gardes à vue. C'est la priorité. »

Il revient quelques minutes après dans mon bureau avec un autre officier qui me toise et me dit sans autre forme d'explication : « Vous déposez votre arme et vous partez. »

DÉSARMÉ

Sans un mot, je remets mon arme au chef de poste. Je fais une mention sur la main courante et vais voir le médecin. Lors de ma reprise, le médecin de l'administration m'explique qu'il me met « interdit de voie publique » (IVP) sur demande de ma hiérarchie, malgré mes protestations face à cette injustice. Personne dans la police ne me soutient. Quand il faut aboyer dans la salle de pause, il y a du monde, mais quand il faut aller frapper à la porte du bureau du commissaire pour lui dire les choses en face, il n'y a plus personne.

Je suis désarmé. Au sens propre comme figuré, ce désarmement est lourd de conséquences. Mon nom est inscrit sur la liste des consignes données au chef de poste : « Bilheran : pas d'arme. » L'ensemble des effectifs du commissariat de Colombes et les partenaires de passage, policiers municipaux ou autres ont accès à cette information. Son interprétation est instantanée dans l'esprit des policiers : il doit être suicidaire.

J'informe de ma situation la médecine de prévention de la préfecture de Nanterre. À l'issue de ma visite, aucune suite ne sera donnée. Je demande alors à être reçu par le médecin-chef de la préfecture de police. Lors de notre entretien, qui dure seulement quelques minutes, j'évoque le harcèlement moral que je subis. Je commence à poser des mots sur ces agissements pour la première fois. Il évalue très vite que je ne suis pas dangereux, ni pour moi-même ni pour autrui, et ordonne la remise de mon arme de service.

À la suite de tous mes rapports, évoqués précédemment, je suis reconvoqué par le directeur de la police parisienne. Je lui explique ce que je subis de la part du commissaire et consorts depuis des mois. Il me propose une mutation dans le service nouvellement mis en place de plateforme où sont gérés en amont tous les actes judiciaires survenus durant une garde à vue afin de respecter les droits des mis en cause. Je refuse.

« En tant qu'enquêteur, un service qui me coupe du contact avec l'avocat ou la famille est un non-sens. Je perds la possibilité d'obtenir des informations et suis ainsi privé des échanges indispensables à la mise en confiance. »

Il me propose alors une mutation à Carcassonne, ma ville natale. Deux fois. Je refuse encore. Cette destination en ferait rêver plus d'un, quand on sait qu'il faut un minimum de vingt-cinq ans à Paris avant de pouvoir espérer y être muté. Mais mon objectif reste cohérent et inchangé : la brigade des stups du 36. Pour réussir, j'ai simplement besoin que mes demandes de stage soient acceptées. Le directeur me dit qu'il veillera au grain.

À ce moment précis, j'aurais dû faire comme tout le monde : accepter ma mutation et fermer ma gueule. Mais c'est incompatible avec mes valeurs. Je préfère de loin obtenir ma place honnêtement.

Les jours qui suivent, tous mes rapports sont enfin transmis. J'obtiens ainsi le droit de faire deux stages, un stage d'immersion de quinze jours à la CSI en civil, afin de parfaire ma technique policière de filature, de surveillance et d'interpellation, et un stage pour la technique d'interrogatoire « Stratégies d'audition du mis en cause ». J'ai bon espoir que ces deux stages me permettent d'acquérir les compétences nécessaires pour atteindre mon objectif. En fait, c'est la seule porte de sortie envisageable face à ce mur d'incompétence hiérarchique.

Au printemps, je reçois un appel inattendu : le numéro deux de la brigade des Stups m'informe que je suis numéro un sur la liste de recrutement. « Par contre, vous êtes syndiqué ? » avança-t-il.

Forcément non. Les manifestations de 2016, c'était pour dénoncer la cogestion des promotions et mutations entre l'administration et les syndicats majoritaires.

« Ben, il va falloir, sinon on va vous passer devant. »

Seuls deux syndicats majoritaires ont la capacité de répondre à cette demande : le syndicat Unité SGP Police, duquel j'ai découpé ma carte d'adhérent en octobre 2016, et le syndicat Alliance, le plus éloigné de mes valeurs. La peste ou le choléra. J'ai honte, mais je me tourne vers Alliance : prendre « un timbre » et assurer « la mut' ». Une couleuvre de plus, qui a un goût de chantage.

En mai 2017, c'est officiellement inscrit sur le télégramme (ou TG), qui distille toutes les informations importantes dans les services. J'ai réussi. Je fais partie du prochain mouvement de mutation, direction la brigade des Stups du 36 ! Mais à quel prix ? Je pense naïvement que cette décision officielle de mutation va détendre les relations. Que nenni ! Furieuse, ma hiérarchie colombienne met les bouchées doubles. Le commissaire m'ordonne de transmettre par écrit la liste de tous mes informateurs, ainsi que leurs coordonnées. Cela veut dire mettre en danger ces personnes en diffusant leur identité en dehors de tout protocole. Il vise un poste à la ST et mes informateurs sont de qualité. Je refuse de trahir mes engagements de confidentialité. Je ne ferai jamais ce rapport ! Mon chef de groupe, cotraitant des sources, accepte de faire le sale boulot pour « acheter » sa tranquillité.

Je ravale ma colère. Il ne faut pas craquer.

Avec tous les événements vécus entre octobre 2016 et septembre 2017, je suis, selon les médecins, en état de stress post-traumatique (ESPT).

Je n'arrive plus à franchir la porte du commissariat. Toute cette pression nuit à mon équilibre et, surtout, à ma santé mentale. Je veux travailler dans de bonnes conditions, j'en ai besoin pour sortir de l'isolement avant de partir pour la police judiciaire. Je demande à être transféré ailleurs.

Le commissaire me déplace à Asnières-sur-Seine, mais avec l'interdiction de mettre les pieds au commissariat de police de Colombes hors présence de la hiérarchie. Je ne peux donc pas faire le pot de départ tant rêvé et tourner la page de ces huit années passées à Colombes. Ce sera l'ultime coup tordu du commissaire.

Je me retrouve dans un placard, avec des cafards, mes dossiers judiciaires de Colombes à traiter à Asnières, défense de participer à l'activité judiciaire du service, autrement dit d'aider les collègues en manque d'OPJ qualifiés. La mise en quarantaine parfaite.

Je choisis de traiter les dossiers colombiens concernant des victimes ; pour le reste, ils se débrouilleront. Je préfère largement contribuer aux enquêtes de mes nouveaux collègues, jeunes, ravis de pouvoir se former à certaines méthodes d'investigation en criminalité organisée.

HARCÈLEMENT MORAL

À l'automne 2017, grâce au soutien de Me Dosé, je prends conscience que je suis sorti du bocal dans lequel je me noyais et décide de porter plainte pour harcèlement moral contre X auprès de la procureur de la République à Nanterre. Elle envoie un soit-transmis avec une demande de complément d'information au directeur territorial de la sécurité publique (DTSP), M. Patrick Q., qui à son tour demande directement au commissaire Georges H. un rapport. Et c'est sur la base de cet écrit que Mme Catherine Denis classe la plainte sans suite.

Je décide malgré tout de me constituer partie civile auprès du doyen du juge d'instruction début 2019. Lors de l'audition, la juge d'instruction ne me croit pas et m'accuse d'être un « rebelle » alors qu'il n'y a aucune procédure administrative à mon encontre, ni sanction dans mon dossier individuel. Le problème majeur est autre : comme aucune enquête n'a été ordonnée par madame le procureur en personne, on peut légitimement se demander s'il n'y a pas collusion entre le parquet, le DTSP et le commissaire. Me Dosé demande donc le dépaysement de l'affaire à Paris. Je n'ai à ce jour aucune avancée judiciaire malgré toutes les preuves rapportées. Simplement le privilège d'être évalué par un expert sur le plan psychologique, car, dans le doute, la justice a besoin de savoir si je suis crédible.

LA BRIGADE DES STUPS DU 36

Me voilà au 36, quai des Orfèvres. Je vais enfin pouvoir m'épanouir dans un service performant qui a beaucoup de moyens, à la fois techniques et humains. Je vais enfin pouvoir gravir les marches de l'escalier mythique tous les matins. Je vais enfin pouvoir écouter les anciens raconter les légendes…

Manque de chance, quinze jours à rêver et la PJ déménage au 36, rue du Bastion, toujours à côté du tribunal de grande instance (TGI) de Paris, au bord de la pollution du périphérique et proche d'une usine de traitement des déchets. Déçu, mais on fera avec, au moins j'ai enfin obtenu le poste que je voulais.

Je poursuis mon chemin professionnel et m'enrichis parallèlement d'engagements associatifs. Après l'association MPC, je donne du temps au service du collectif Citoyens & Policiers. Je suis également l'un des membres fondateurs de l'association ACPJ, l'Agora des citoyens, de la police et de la justice. Cela me permet de poursuivre le travail de rapprochement entre la population, sa police et sa justice. Un rapprochement qui me tient particulièrement à cœur, auquel plusieurs policiers, magistrats ou citoyens de divers horizons vont se joindre.

Je m'investis également dans la vie de la brigade par l'intermédiaire de l'amicale.

J'anticipe une éventuelle continuité du harcèlement moral en devenant délégué de la direction régionale de la police judiciaire (DRPJ) pour le syndicat Alternative Police, timide promesse de changement syndical, qui me permet une plus grande liberté d'expression et une protection face à la tyrannie hiérarchique.

Après avoir fait mes preuves à la permanence pendant un an, je suis recruté dans un des meilleurs groupes d'enquête de la brigade des stups, dont le chef est fort d'une expérience de plusieurs années en Colombie. Je travaille avec d'excellents flics et des moyens opérationnels d'un autre niveau. Je comprends que la sécurité publique, la police du quotidien, est vraiment la dernière roue du carrosse policier. J'évolue enfin dans un cadre professionnel intéressant et j'envisage de passer les concours en interne pour devenir officier ou, pourquoi pas, commissaire.

Hélas, l'embellie est de courte durée. Je découvre l'envers du décor du 36, rue du Bastion. Le récit romancé des « grands flics » que j'ai dévoré dans les livres n'est qu'un amas de glorifications autobiographiques égocentrées qui entretiennent la légende de la guerre contre la drogue. Subtilement, un chef de groupe m'avait annoncé la couleur : « Ils bandent avec les couilles des autres ! » En fait, le commissaire ne travaille pas seul ses enquêtes. D'ailleurs, il n'enquête plus. Il compte. C'est désormais un bureaucrate carriériste, à de rares exceptions près.

Ma première mesure de garde à vue en tant qu'OPJ au 36 concerne une femme enceinte, qui a ingurgité des dizaines de boulettes, soit des centaines de grammes de cocaïne. Interpellée par les douaniers et placée en retenue douanière, le protocole m'oblige à poursuivre la procédure. Bien entendu, tout se déroule sous surveillance médicale. Lorsque j'apprends qu'elle est sur le point d'accoucher, j'en informe le procureur, qui lève la garde à vue. Son enfant naît pendant la privation de liberté de sa mère. Ses analyses montrent qu'il est sous l'emprise de cocaïne et qu'il doit être sevré. Sa mère a effectué le voyage pour fuir des violences. Pauvre, sa seule opportunité pour venir s'installer en métropole a été de se tourner vers les réseaux criminels, seuls à même de financer le voyage et de lui offrir quelques milliers d'euros afin de changer de vie.

Je me déplace régulièrement à la salle Cusco (garde à vue médicalisée) pour auditionner les mis en cause comme elle, les « bouletteux » ou mules, et récupérer les sachets expulsés. Un travail de merde qui représente la majorité du chiffre des saisies de cocaïne.

Et c'est bien là que le bât blesse, découvrir que la motivation principale repose sur la politique du chiffre m'écœure. C'est à l'opposé des valeurs à l'origine de mon choix professionnel.

Les actions de lutte contre les drogues sont décidées pour répondre au besoin de visibilité de l'action policière et pour la légitimer. Par exemple, la brigade des stups est employée pour des « rafles » de consommateurs, rarement revendeurs, à proximité des boîtes de nuit. Le *big boss*, Christian Sainte, est à l'initiative de ces opérations « de visibilité ». Il s'agit de faire du chiffre, toujours du chiffre, même à la PJ ! Les commissaires s'appliquent. Les résultats sont soi-disant excellents : la première opération rapporte 30 interpellations, majoritairement des consommateurs, 14 gardes à vue pour des saisies records de 8,46 grammes de résine de cannabis et 21 cachets d'ecstasy… Ridicule en somme. Mais TF1 est là pour mettre en scène la coopération entre la BAC 75N, prestigieuse BAC de nuit à Paris, et les services d'élite judiciaire de la préfecture de police. Le moulin à vent médiatique est en marche.

Ulcérés par ces pratiques, une majorité de policiers de la brigade se réunit pour dire « stop ». Les policiers sont sollicités le week-end dans le cadre d'une astreinte, qui n'a visiblement aucun lien avec la notion d'urgence pourtant prévue par la loi.

La mobilisation générale de tous les représentants du personnel de la brigade (syndicats, gardiens de la paix et officiers) permet d'obtenir l'annulation de ces opérations

« coups-de-poing » jugées contre-productives ainsi qu'une amélioration du protocole de saisie de notre service.

Comme quoi, l'engagement syndical paie quand il est porté collectivement dans l'intérêt général…

Une victoire qui soulage la charge de travail importante des groupes de permanence. Christian Sainte, pourtant à l'initiative de l'opération, n'a pas daigné nous recevoir. Je n'ai pu m'empêcher de rire quand le sous-directeur a émis l'idée de développer le concept d'« initiative dirigée » comme évolution de notre métier.

Cet épisode n'est qu'une des illustrations de la managérialisation délirante de la fonction de commissaire de police, totalement déconnectée du terrain. Alimentée par tous les niveaux hiérarchiques jusqu'au ministre, soit à travers des strates où chacun cherche à briller.

FRANÇOIS THIERRY, LE SYMBOLE

Octobre 2015. Les douaniers font une étonnante découverte : 7 tonnes de cannabis, boulevard Exelmans, dans le 16e arrondissement! Une saisie record pour la capitale. L'enquête qui suit révèle une stratégie nommée « Myrmidon » pensée et validée au plus haut niveau de la hiérarchie policière.

Les policiers laissent passer la drogue à la frontière à l'aide du dispositif de « livraisons surveillées » pour démanteler les filières criminelles à l'arrivée de la marchandise en France, selon la version officielle.

Or, le propriétaire de cette saisie parisienne n'est autre que Sofian Hambli, informateur de l'Office des stups et, accessoirement, trafiquant d'envergure internationale considéré comme le principal importateur de cannabis en Europe. Sa marchandise a été protégée par ce système de laissez-passer. Il peut ainsi casser les prix et prendre de l'envergure. C'est un dévoiement de la fonction d'informateur, qui n'est pas censé organiser le trafic qu'il dénonce. Et ce, d'autant plus quand c'est sous le contrôle de François Thierry, chef de l'Office central pour la répression du trafic illicite des stupéfiants (OCRTIS), agent traitant de Sofian Hambli.

Un autre informateur, Hubert Avoine, lui aussi en lien avec François Thierry, révèle que des policiers français de l'Office des stups ont contribué à stocker de la résine de cannabis en Espagne, avant que celle-ci soit convoyée vers la France par des trafiquants!

Il est renvoyé devant la cour d'assises pour « faux en écriture publique » et « destruction de preuves » pour avoir organisé une fausse garde à vue, permettant la sortie de prison de son indicateur, afin qu'il puisse organiser le trafic tranquillement depuis une chambre d'hôtel. Il est présumé innocent en attendant son jugement.

Le film *Enquête sur un scandale d'État,* de Thierry de Peretti, s'est inspiré de cette affaire.

François Thierry est sanctionné par un simple blâme lors de son conseil de discipline.

Avant la révélation de ces méthodes, François Thierry était pressenti pour devenir directeur général de la Police nationale, grâce aux saisies médiatiques qu'il opérait.

LES FAUX EN ÉCRITURE PUBLIQUE ET LA CORRUPTION

Les yeux rivés ailleurs, les commissaires ne voient pas, ne veulent pas voir ou participent.

La course aux chiffres encourage la concurrence entre groupes, services, directions ou ministères et les coups tordus pour les montages de « chantiers », c'est-à-dire la mise en forme policée du récit judiciaire de nos actes d'enquête, nous conduisent, pour de bonnes ou mauvaises raisons, à faire beaucoup trop de faux en écriture publique.

Le blanchiment d'information est l'activité principale de la rédaction de procédure.

Un jour, un commandant de police va même jusqu'à le dire ouvertement en réunion : « On fait trop de faux ! » Au moins, ça a le mérite d'être franc…

À ce moment-là, je me rends compte que la corruption est généralisée. Les policiers ne se contentent pas que des faux pour protéger l'anonymat d'un informateur. Il y a aussi des versements d'argent. Dans tous les groupes de lutte « anti-stups », aucun policier ne peut dire qu'il n'est pas au courant.

Lorsque j'ai intégré une unité d'enquête, à la suite de ma première affaire, le chef de groupe m'a tendu une enveloppe contenant une partie des billets dérobés lors de la perquisition : 100 euros. La corruption commence ici. Le choix est simple : soit je prends cette enveloppe et je tolère ces dérives, soit je me retrouve à la marge. C'est une petite somme au départ, presque insignifiante, mais le pacte est scellé. L'accord tacite qui s'ensuit protège le groupe de la révélation des illégalismes en impliquant tout le monde, y compris les plus récalcitrants. Et la pratique est bien plus courante qu'on le voudrait. C'est même un moteur de motivation pour certains, qui choisissent leurs affaires judiciaires en fonction du potentiel lucratif des revenus illégaux de voyous, ciblés au préalable. Ils investissent ensuite leurs gains dans des travaux immobiliers, dans les cadeaux de Noël, les restaurants, les vacances, etc.

LA QUÊTE DE SENS

L'action policière de lutte contre les trafics est donc biaisée et dévoyée à tous les niveaux. Le désenchantement est total. Je me sens sale. Je comprends que la guerre à la drogue est vaine, utopique et idéologique.

On coupe la tête d'un dealeur et deux autres repoussent, tel l'hydre présente sur le blason de la brigade des stupéfiants de Paris, terrible symbole. Le trafic se diversifie, s'adapte et ainsi encourage les trafiquants les plus violents à prendre le pouvoir.

La police accélère les logiques concurrentielles du trafic, jusqu'à faire augmenter le chiffre des assassinats ou tentatives. Sans jamais vraiment considérer l'impact sur les victimes et leur entourage. La machine s'emballe toujours plus, alimentant la couverture des faits divers et les coups de menton ministériels. Alimentant le chèque « en gris », ce mandat politique flou laissé aux policiers pour agir. Justifiant leur liberté d'action et leurs dérives. Multipliant les contrôles d'identité. Harcelant des quartiers entiers.

Déresponsabilisant les chefs en cas de « bavure ». Polarisant la société...

Avant mon entrée dans la police, je ne connaissais pas les points de deal à ciel ouvert. À Carcassonne, il n'y en avait pas, ou du moins sans aucune structure. Désormais, à 100 mètres de la maison où j'ai grandi, il y a un « drive » pour acheter son cannabis et sa cocaïne.

Je mesure que l'objectif d'« éradiquer le trafic » n'est qu'un mensonge politique de la part des policiers. Vider l'océan de drogue à la petite cuillère n'est pas une stratégie digne d'une politique publique efficace. Les valeurs qui m'ont conduit au 36 sont balayées, rangées dans la case « illusoires ». Cette guerre contre la drogue qui use ses soldats n'a aucun impact sur l'offre globale, sur les prix, la qualité ou la pureté du produit. Mieux, la consommation, notamment celle des mineurs, augmente, les produits frelatés circulent, le nombre d'assassinats progresse et les policiers perdent petit à petit le sens de leur mission.

Fort de ces observations et expériences de terrain, je participe à la création de l'organisation LEAP France, Law Enforcement Action Partnership. Cette association intégrée dans LEAP Europe regroupe policiers, magistrats, douaniers, soit tous les « soldats en première ligne » dans la lutte contre les drogues. L'objectif est de contribuer au débat public pour dénoncer le régime de prohibition et de réfléchir collectivement au développement de politiques publiques moins dogmatiques, moins discriminantes, moins corrompues et, surtout, plus vertueuses afin de protéger les plus jeunes de cette potentielle entrée dans la dépendance et/ou la délinquance.

Avec la volonté de retrouver du sens, je commence à envisager une reconversion. Pour ouvrir la porte à de nouvelles perspectives, je m'inscris à une formation diplômante dispensée par le Forum français pour la sécurité urbaine (FFSU) en partenariat avec l'université de Versailles-Saint-Quentin-en-Yvelines. Ce cursus permet de rencontrer, d'échanger et de réfléchir avec d'autres étudiants aux profils atypiques. Ma compréhension des politiques publiques, notamment concernant les enjeux partenariaux de la coconstruction de l'offre de prévention et de sécurité, s'est considérablement enrichie. Mais j'ai besoin d'une source de financement, soit l'équivalent de mon salaire mensuel. Ce n'est pas rien. Je comprends rapidement que ce projet ne sera pas validé par la Police nationale et que je ne bénéficierai pas de mon droit au congé formation. Loin de moi l'idée de m'infliger une nouvelle bataille administrative pour obtenir gain de cause. Je tente donc de vendre ma montre « brigade des stups » à un collectionneur par le biais d'une publication sur un site spécialisé. La direction, furieuse, me demande de retirer sur-le-champ cette annonce qui « porte atteinte au crédit et au renom de la brigade ». Et je repars pour un énième rapport d'explications.

Mes camarades, hilares, m'attribuent le surnom d'« Horloger du 36 ». Je décide malgré tout de vendre cette montre. Peu importent les pressions, c'est parfaitement légal et il devient vital de financer cette porte de sortie.

Enfin, me revoilà deux fois par mois à l'école. Mon chef est d'accord pour me donner des jours de congé et, ainsi, j'obtiens le diplôme universitaire avec mention, en 2019, au sein de la promotion Olympe-de-Gouges.

L'IMPUISSANCE

Ma priorité de carrière n'est plus le travail policier, bien que je continue à remplir mes fonctions avec sérieux et application. Un soir d'automne, à l'occasion de la projection du documentaire *Police, illégitime violence,* du réalisateur Marc Ball, qui met en scène une partie de mon investissement associatif, je rencontre une fille. Elle est médecin légiste et œuvre dans une structure de prévention du suicide. Nous avons beaucoup à partager. Nous emménageons ensemble.

Lors du premier confinement, en 2020, après un mois de pause relative, je travaille à nouveau tout le temps, au point d'être absent dans les moments difficiles, comme le deuil. Elle me reproche de ne pas être empathique, de ne ressentir aucune émotion. C'est l'un des effets du stress post-traumatique : le blocage des émotions. Ce démon, je pensais m'en être débarrassé. Il était seulement tapi dans l'ombre.

27 avril 2020. Attentat à Colombes. Le terroriste fonce au volant d'une BMW sur deux motards de la police qui procédaient à un contrôle routier. Lors du visionnage des terribles images, répandues instantanément sur les réseaux sociaux, je vois mes anciens collègues de police secours gérer l'intervention. J'aurais pu y être avec « Renard argenté » et mes camarades des débuts. Tous les jours, à mon arrivée au 36,

ce bâtiment sans âme, je vois les véhicules des attentats de Colombes. Ils sont stockés pour les recherches de traces et tardent à être évacués. Comme après les attentats de Magnanville où des policiers ont été assassinés à leur domicile, l'hypervigilance augmente. Elle épuise, et enferme. Et la colère monte. Et la haine des personnes différentes avec. La question du racisme dans la police, je l'ai déjà évoquée, effleurée. C'est pourtant un problème connu et récurrent, que le terrorisme a renforcé dans nos rangs comme ailleurs.

En juin 2020, lors des manifestations contre le racisme après le meurtre de George Floyd, aux États-Unis, je décide de créer un compte anonyme Twitter sur lequel, chaque soir à 20 heures, je raconte en une phrase les propos que j'entends dans la journée de la part de collègues. Je suis devenu intolérant à leur racisme et à leur machisme quotidiens. Je ressens le besoin d'extérioriser ce que j'ai longtemps tu. Nous sommes frappés par le terrorisme et ces policiers contribuent à la polarisation de la société. Ils ne sont pas des gardiens de la paix, ils ont tendance à être les forces de leur propre ordre. En parler à la hiérarchie ? Elle est déjà au courant. Dans le service, tous les jours, un officier, que je qualifie de « chef des racistes », fait le ménage sur la table de pause pour y déposer exclusivement son magazine d'extrême droite préféré. Sa croisade quotidienne. Avec un camarade, nous passons discrètement pour le jeter à la poubelle. Mais dans l'heure qui suit, comme un trafic de stups que l'on démantèle, le pamphlet hebdomadaire est remis en place.

Sur ce compte Twitter, les propos que j'entends sont rapportés mot pour mot : « Lallement [alors préfet de police], il se prend pour Goebbels, mais il ne lui arrive pas à la cheville » ; « N'oublie pas que les chiens sont rentrés avant les femmes dans la police » ; « Ils seraient mieux dans les champs de coton »…

LA DESCENTE AUX ENFERS

Après un dimanche de permanence, j'oublie de déconnecter l'ordinateur de travail en partant. L'acte manqué. Mon chef de groupe découvre le pot aux roses le lundi matin. Nous sommes le 16 juin. Le jour où tout manque de basculer.

Il m'explique que je ne peux pas rapporter ces propos publiquement, pour une question de confiance au sein du groupe. Je retourne quatre ans en arrière, repense à tous ces longs mois où je m'étais senti isolé, écarté, ostracisé, humilié. Je rentre chez moi avec le moral en berne.

Ma compagne choisit de me quitter le soir même. Je n'ai plus la force de parler. Je me retrouve à la rue. Tout s'écroule. Tout devient irrationnel dans mon cerveau. Dans un premier temps, je pense simplement à « mettre fin à mes jours ». Fin de la souffrance, fin de l'histoire. J'aimerais que cet acte soit symbolique, pour désigner les responsables avant de partir. Je me vois aller devant le ministère de l'Intérieur. À ce moment-là, je reçois un message du « chef des racistes » de la brigade des stups. Je suis d'astreinte.

Go-fast qui remonte. RDV au péage de Saint-Arnoult dans une heure pour une potentielle interception.

Je bascule immédiatement en mode « RoboCop » et file au point de chute. Au volant d'une très bonne voiture, je suis le premier sur les lieux. J'ai le temps de me poser à l'abri des regards et d'effectuer un premier travail de repérage.

Tout le monde arrive petit à petit. Je ne sens pas une grande détermination pour accomplir la mission :

« Ouais, bon, en fait, on ne sait pas trop ce qui va se passer, peut-être que le mec est chargé, peut-être pas. On est en stand-by, on patiente. »

C'est un transporteur régulier qui sillonne la France avec sa voiture puissante pour effectuer des livraisons de drogue. Je comprends que le groupe d'enquête en charge de la mission n'est pas convaincu, mais, pour des raisons qui m'échappent, nous sommes quand même là, au cas où…

Finalement, notre objectif change de route et va dormir chez sa maîtresse. Encore une interception de « go-fast » qui tombe à l'eau. Les Stups, ce n'est jamais une science exacte. Il y a toujours des loupés, c'est normal. Mais ce soir, celui-ci est particulièrement pesant. Le dispositif est levé.

Je brûle de l'intérieur.

Et puis d'un coup, c'est comme une évidence. Je décide de partir à Colombes, là où tout a commencé. Je me gare en face du commissariat, verrouille la voiturede l'intérieur pour être sûr de ne pas être empêché. Je tiens mon calibre, prêt à faire feu.

Je suis en sanglots, mon arme dans la bouche. Je me dis que cette situation est impossible, que c'est trop dur. J'ai le goût du canon dans la gorge. Le goût de la mort.

Alors, un miracle se produit. Je suis surpris par un bruit assourdissant. L'alarme de la voiture s'est déclenchée. Je reçois un formidable électrochoc. Mon cœur se remet à battre. Je me réveille de ce délire, jette mon arme dans la voiture, démarre et file avant d'être vu par qui que ce soit. Je m'en veux, me sens coupable. Mais je suis réveillé. Je suis sorti de la boucle. Je dois avoir une bonne fée…

Je finis par trouver un hôtel vers 4 h 30, dans le 9e arrondissement de Paris, et m'écroule dans une chambre que je paie pour la nuit. Je m'endors d'un sommeil lourd.

Je me réveille honteux et incapable de passer les coups de fil pour ma prise en charge. Je pourrais dire « Voilà, je suis en sécurité, j'ai besoin d'aide », mais aucun son ne sort de ma gorge. Impossible d'aller au travail. Et comme je ne réponds pas au téléphone, mon chef s'inquiète. Il sait que la veille je n'ai pas bien vécu notre discussion et, de fait, ma mise à l'écart.

Tout ce que je sais, c'est que je suis un traître aux yeux des autres. Un policier de mon groupe fera même courir plus tard, jusque dans ma famille, la rumeur que l'hôtel où je me trouve est un hôtel de passe…

Soudain, je suis surpris par des coups contre la porte de ma chambre et comprends aux cris que quelques collègues sont là. Quand j'ouvre, je ne suis pas des plus présentables, mais le soulagement que je lis sur leurs visages me bouleverse. Je les regarde et formule une seule demande : « Emmenez-moi à Val Dracy. »

VAL DRACY

Pour comprendre pourquoi ce lieu en particulier, je dois revenir un peu en arrière. Nous sommes le 12 novembre

2018. L'inimaginable se produit. Maggy, la porte-parole des policiers en colère, met fin à ses jours. Elle semblait ne pas ressentir le lourd fardeau de la pression hiérarchique, administrative et syndicale. Elle avait le courage de ses convictions et n'hésitait pas une seconde à parler sans langue de bois, bousculant les codes. C'est un choc terrible.

Spontanément, avec Stéphane Lantz, ancien vice-président de l'association Mouvement des policiers en colère, nous nous rendons au commissariat de Sartrouville pour soutenir ses collègues locaux, déchirés par son décès. Je comprends alors l'urgence absolue de libérer la parole pour se délivrer des souffrances.

La veille, le groupe Facebook « PEPS-SOS Policiers en détresse[44] » a été créé par Yohann Dechaine, brigadier de police en commissariat. Son idée a fait l'objet d'échanges avec Maggy, qui a encouragé son initiative. Yohann, sensible à la nécessité de trouver rapidement des solutions face au fléau des suicides dans la police, choisit de se lancer dans l'aventure de manière bénévole. Le départ de Maggy, sidérant l'ensemble des policiers, déclenche un afflux de milliers de collègues sur le groupe, dès le lendemain de sa création. Une seule étoile, Maggy, a su éclairer une merveilleuse galaxie… Merci à elle.

En 2019, je décide de rejoindre l'association. Ils ont réussi à organiser un groupe fermé de policiers sains et bienveillants où la parole se libère. Il ne s'agit pas d'un groupe où l'on partage sa haine ouvertement comme « TN

44. www.peps-sos.fr/

Rabiot » ou « FDO 22 unis », autres groupes Facebook de policiers. C'est un espace sécurisé de parole où chacun peut s'exprimer librement, à son rythme, et confier ses souffrances et ses tourments. Chaque parole est écoutée, prise en compte, accompagnée afin d'apaiser le mal-être. C'est comme cela que j'ai connu l'existence de la clinique du Val Dracy, partenaire de l'association. C'est un établissement médical qui développe un programme « Robes et uniformes » pour accueillir et accompagner les professionnels de l'urgence, ceux qui répondent en premier à la détresse des citoyens.

Lorsque je demande à aller là-bas, je sais donc à peu près où je vais, ou du moins je le crois. Mes collègues sont surpris, mais ils acceptent cette idée et m'y conduisent le soir même. Une place m'attend. Voiture de service, autoroute, plein d'essence… Je sais à quel point c'est toujours très compliqué de justifier des dépenses pour la préfecture de police. Je demande si ça ne pose pas de problème. L'un d'eux me répond : « Là, c'est eux qui vont fermer leur gueule ! »

Quel soulagement d'entendre cette phrase. Toute ma carrière dans la police, j'ai plutôt entendu : « Soit tu fermes ta gueule, soit tu fermes ta gueule ! »

L'association Peps s'est assurée de ma prise en charge et de mon accueil à l'arrivée. Précisément vingt-quatre heures après le déclenchement de l'alarme dans la voiture, une haie d'honneur de trois infirmières m'attend à l'entrée de la clinique pour me mettre en confiance.

J'y passe les deux semaines les plus dures de ma vie.

J'ai compris petit à petit que je n'étais enfermé que par moi-même.

Je sors le 30 juillet 2020.

QUITTER LA POLICE

La plus grosse décision que je prends alors est posée par écrit le 12 janvier 2021. Je formalise officiellement une évidence : il faut que je quitte la Police nationale. Quatorze ans. J'ai assez donné pour cette expérience. Je suis allé au 36, quai des Orfèvres pour embrasser une fausse cause. Mes engagements associatifs m'ont permis de maintenir un sens mais ne partageant plus les valeurs qui m'ont porté durant ma carrière, à quoi bon rester aujourd'hui ?

La machine à broyer administrative ne me lâche pas et me place en disponibilité d'office pour raison de santé. Je touche une somme inférieure à 900 euros par mois. En effet, la direction centrale des ressources et des compétences de la Police nationale (DRCPN), ou, plus simplement dit, les « RH » de la police, refuse d'accorder le dispositif de rupture conventionnelle aux personnels en disponibilité.

Après toutes ces péripéties, ma confiance dans la police est brisée. Je suis livré à moi-même. Je n'ai aucun suivi psychologique proposé par l'administration policière. Mieux, ils utilisent le médical comme méthode de harcèlement.

Une fois de plus, je suis contraint de parler à la presse, avec d'autres policiers, pour dénoncer ces méthodes. Le titre de l'article, qui paraît dans le journal *Libération* le 5 janvier 2022, est sans ambiguïté : « S'opposer à sa hiérarchie, c'est signer son arrêt de mort ! » Le lendemain de sa publication, la DRCPN m'appelle pour m'informer que mon dossier de rupture conventionnelle va être pris en compte, plus d'un an après ma demande.

C'est à cette époque que j'entends parler d'une certaine Agnès Naudin, capitaine de police, écrivaine et récemment porte-parole du syndicat FSU, que j'ai l'occasion de rencontrer peu après. L'idée d'écrire ce livre s'impose naturellement. Impossible de tourner la page sans révéler ce qui se passe, sans alerter.

CONCLUSION

« La garantie des Droits de l'homme et du citoyen nécessite une force publique : cette force est donc instituée pour l'avantage de tous, et non pour l'utilité particulière de ceux auxquels elle est confiée. »

Art. 12 de la Déclaration des droits de l'homme et du citoyen de 1789

Les policiers qui témoignent ici ont tous des carrières exemplaires. Ils sont appréciés de leurs pairs comme de la population pour leur implication professionnelle et leurs qualités relationnelles. Si certains se sont confiés dans des tribunes ou portraits, sous pseudo ou non, parfois à plusieurs reprises, aucun n'a rêvé sa carrière de policier en lanceur d'alerte. Pourtant, chacun estime qu'il n'a pas d'autre choix que de prendre la parole publiquement pour dénoncer la loi du silence, l'omerta régnant dans la police.

Ce terme est parfaitement adapté. Originaire de Sicile et propre à la mafia, omerta signifie : « loi du silence, refus de répondre à toute personne étrangère à une mafia par crainte des représailles ». Et ce sont bien de représailles dont nous parlons tout au long de cet ouvrage.

Cette immersion dans notre combat quotidien pour alerter met en lumière le déni volontaire qui empêche la réflexion de fond nécessaire à la compréhension des causes du mal-être policier. Elle révèle la mécanique froide de l'administration pour faire taire les problèmes et leurs messagers : « Soit tu fermes ta gueule, soit tu fermes ta gueule. »

Le problème de la police, c'est l'injustice, pourrait-on mettre en exergue de l'ouvrage.

La liste des dysfonctionnements de notre institution est longue, bien que non exhaustive : violences policières, sexisme et racisme ordinaires, dissimulation de délits, abondance de faux en écriture publique, corruption, tyrannie hiérarchique, radicalisation médiatisée des syndicats ou encore politique du chiffre…

La défiance augmente, les relations entre la population et la police se dégradent, mettant en danger citoyens et agents. Le cercle vicieux de l'escalade de la violence est en marche, et ce depuis longtemps pour qui demeure attentif aux signes avant-coureurs.

Aujourd'hui, le travail policier est de moins bonne qualité, se fait à huis clos, ne sert plus que ses propres logiques ou intérêts, traumatisant de trop nombreux agents, en proie à un profond mal-être, le tout dans un silence assourdissant.

La soumission à des critères opaques de notation est une partie du conditionnement. Elle favorise la promotion des plus dociles au détriment de la motivation des plus compétents.

L'exclusion, le désarmement, la mise au placard attendent ceux qui refusent de se conformer au moule. La loi n'est pas respectée : l'article 40 du Code de procédure pénale, obligeant tout agent public à informer sans délai le procureur de la République de la connaissance d'un crime ou délit, est volontairement ignoré, y compris par l'IGPN.

Le système de contrôle médical administratif, censé protéger les agents, est utilisé comme un outil de répression, validant les mises en quarantaine, y compris financièrement. La protection fonctionnelle, bien qu'accordée à Maurice Papon ou Claude Guéant en leur temps, est refusée à ceux qui tenteraient de faire respecter leurs droits.

Mieux, la collusion permise localement entre procureur et haute hiérarchie policière va parfois jusqu'à inverser l'accusation contre le lanceur d'alerte !

Dans leurs témoignages, Fabien et Jean-Marc évoquent le « narratif policier », soit la stratégie de communication visant à déformer la vérité à son avantage. Notre devoir n'est plus seulement de servir, il est avant tout de taire les problèmes et enjoliver les succès.

Ainsi, on essaye de rassurer la population en montrant que la police fait quelque chose.

Les syndicats majoritaires, l'administration policière et le pouvoir politique, « la force tripartite » entretient l'illusion.

La remise en question, publique ou même « privée », est totalement exclue. Il s'agit de faire front envers, et surtout contre tous.

Si la police est tenue d'informer le public de ses actions, elle a aussi le devoir de maintenir la confiance des citoyens.

Or, quand elle procède à des arrestations ou saisit de la drogue et qu'elle le présente à la presse ou sur les réseaux sociaux comme un succès, elle ment.

La capacité du narratif policier à transformer l'échec en réussite atteint son paroxysme avec la « guerre aux drogues », une guerre inutile, injuste, discriminante et mortifère.

« Un coup fatal au crime organisé » disait Monsieur Hollande, lors de la fameuse saisie boulevard Exelmans à Paris, dont l'enquête a finalement entraîné, entre autres, la mise en cause des méthodes policières de la lutte anti-drogue et de son chef... Chacun s'enivre des statistiques à court terme pour vendre les mérites de son action, de l'administration policière jusqu'au président de la République, à travers une interminable campagne de marketing répétée depuis Raymond Marcellin, ministre de l'Intérieur en 1970.

Peu importe les conséquences. L'intérêt individuel a pris le pas sur l'intérêt général.

Ainsi, l'attention est détournée des véritables causes du malaise policier et du légitime questionnement démocratique de notre service public de sécurité : quelle police veut le citoyen ?

Il est désormais impératif de recentrer la police sur les attentes du public et non pour l'avantage particulier de ceux qui l'utilisent à mauvais escient. Un vaste programme. C'est la matrice policière, depuis le haut jusqu'au bas de l'échelle, qui est à revoir. La boussole médiatique et électorale ne suffit plus à guider une administration à bout de souffle, sans vision, sans stratégie, repliée dans sa forteresse qu'elle imagine sans cesse assiégée, maltraitant ses agents et niant ses responsabilités.

Les agissements dignes de systèmes claniques, mafieux ou totalitaires doivent cesser et les responsables doivent être jugés. Une enquête indépendante sur les causes des nombreux suicides doit être diligentée pour une reconnaissance du « harcèlement moral institutionnel »[45] dans la Police nationale. Et les lanceurs d'alerte doivent être protégés pour que cette démarche ne soit plus sacrificielle.

Un vrai programme pour protéger la santé mentale des policiers permettrait d'initier la désescalade de la souffrance, condition essentielle pour un dialogue efficace avec la population, gage de la qualité de travail. Une prise de conscience publique est nécessaire, et le public ne pourra être informé tant que nous ne prendrons pas la parole. Si se confier et se faire aider est encore perçu comme un acte de faiblesse, chaque jour les dispositifs d'écoute proposés aux policiers nous démontrent l'inverse. Nous appelons tous les policiers à se mobiliser pour sortir du silence et briser l'omerta.

À l'évidence, parler sauve des vies.

45. Terme utilisé par le tribunal lors du procès des dirigeants de France Telecom.

ANNEXES

Nous sommes conscients que le fonctionnement interne de la Police nationale (grades, protections et sanctions ou encore notations) peut être difficile à appréhender pour le lecteur. Les présentes annexes apporteront quelques éclairages, certes sommaires, sur ces différents points. Nous espérons qu'elles aideront à une meilleure compréhension, si nécessaire, de la façon dont est organisée l'administration policière, ainsi qu'à une analyse plus fine de la situation à laquelle chacun des témoins de cet ouvrage s'est trouvé confronté à un moment donné de son parcours. La dernière de ces annexes permettra de terminer sur une note positive, avec un exemple de fonctionnement efficient mis en place par la police de Montréal.

ANNEXE I.
LES GRADES DANS LA POLICE NATIONALE

La Police nationale est composée de trois corps d'emplois, comprenant eux-mêmes plusieurs grades, détaillés ci-dessous du grade le plus bas au grade le plus haut.

Le corps d'encadrement et d'application est composé de quatre grades :

– gardien de la paix ;
– brigadier de police ;
– brigadier-chef de police ;
– major de police.

Le corps de commandement comprend également quatre grades :

– capitaine de police ;
– commandant de police ;
– commandant divisionnaire de police.

Le corps de conception et de direction est composé de trois grades :

– commissaire de police ;
– commissaire divisionnaire de police ;
– commissaire général de police.

ANNEXE II.
LA PROCÉDURE DISCIPLINAIRE

L'engagement de la procédure disciplinaire

Quand un manquement est constaté, selon la gravité des faits, le fonctionnaire peut être suspendu dès le début de la procédure ou faire l'objet de mesures privatives (garde à vue) ou restrictives de liberté (interdiction de paraître dans une commune) dans le cadre d'une procédure judiciaire. Les textes applicables sont différents selon le corps d'appartenance du fonctionnaire et son positionnement hiérarchique.

L'enquête disciplinaire commence à l'issue de l'enquête administrative par la formalisation des faits reprochés à l'agent.

L'agent sera alors informé des faits qui lui sont reprochés et de ses droits à la défense. Il a un délai de quinze jours pour prendre connaissance de son dossier s'il le souhaite. À l'issue de ce délai, il bénéficie d'un nouveau délai de quinze jours pour lui permettre de préparer sa défense, et notamment, de produire des observations ou des pièces s'il l'estime nécessaire.

Le conseil de discipline doit se prononcer dans le délai d'un mois à compter du jour où il a été saisi par le rapport de l'autorité ayant pouvoir disciplinaire. Ce délai est porté à deux mois lorsqu'il est procédé à une enquête, puisque celle-ci n'est pas obligatoire. Lorsque le fonctionnaire fait l'objet de poursuites pénales, le conseil peut décider, à la majorité de ses membres, de suspendre la procédure disciplinaire jusqu'à l'intervention de la décision du tribunal. Si l'administration a engagé une action disciplinaire en vue d'infliger une sanction directe du premier groupe ne nécessitant pas la réunion du conseil de discipline, elle doit cependant laisser au fonctionnaire un délai suffisant pour qu'il puisse consulter son dossier et se défendre par le biais d'un mémoire en défense ou par de simples observations écrites.

Le conseil de discipline

Le conseil de discipline est composé de membres du personnel titulaires du corps auquel appartient le fonctionnaire et de membres du grade immédiatement supérieur, ainsi que d'un nombre égal de représentants de l'administration. Le principe d'impartialité des membres siégeant au conseil de discipline étant une condition de la régularité de la procédure, celle-ci peut être remise en cause si le comparant démontre qu'un membre aurait exprimé publiquement sa position sur l'affaire examinée, son animosité notoire ou son intérêt personnel à la décision. En revanche, le fait que le président soit le chef de service de l'agent poursuivi ou l'autorité ayant engagé les poursuites n'entraîne pas l'illégalité de la sanction prononcée. Le policier convoqué devant le conseil de discipline peut user de son droit de récuser un seul membre représentant du personnel. C'est alors un suppléant qui le remplace. À l'ouverture de la séance, le président du conseil doit informer les personnes présentes des conditions dans lesquelles le fonctionnaire a été poursuivi. Le président doit informer l'agent que le secrétaire de séance va lire le rapport de saisine du conseil de discipline et qu'ensuite il pourra apporter des explications sur les faits qui lui sont reprochés. S'il est assisté d'un conseil, celui-ci peut intervenir quand il le souhaite. Le président informe enfin les membres du nombre et de la qualité des témoins qui ont été cités et qui seront entendus après. Les témoins peuvent être présents ou déposer un témoignage écrit. Le fonctionnaire aura toujours la parole en dernier (lui ou son conseil). Le comparant peut produire tout document et toute pièce qu'il estime nécessaires à la manifestation de la vérité et demander qu'ils soient versés au dossier.

Les sanctions disciplinaires

1er groupe :

• L'avertissement : la seule sanction à ne pas être classée dans le dossier individuel de l'agent.

• Le blâme : inscrit dans le dossier individuel, il est automatiquement effacé au bout de trois ans.

Les sanctions du 1er groupe peuvent être décidées par le chef de service et infligées sans avoir fait l'objet d'une intervention préalable du conseil de discipline.

2e groupe :

• La radiation du tableau d'avancement : valable pour l'année en cours (peut être une sanction complémentaire d'une autre sanction).

• L'abaissement d'échelon (d'un ou plusieurs échelons selon la gravité de la faute commise, ce qui entraîne une baisse de la rémunération).

• L'exclusion temporaire pour une durée maximale de quinze jours. Cette sanction peut être assortie d'un sursis total ou partiel (si dans les cinq ans l'agent fait à nouveau l'objet d'une sanction de 2e ou de 3e groupe, alors il y aura révocation du sursis, la peine deviendra exécutoire et s'ajoutera à la nouvelle. L'exclusion est privative de toute rémunération).

• Le déplacement d'office. Il entraîne un changement d'affectation de l'agent et les frais éventuels d'un déménagement ne sont pas pris en charge par l'administration (à ne pas confondre avec une mutation dans l'intérêt du service, qui est une mesure administrative prise dans l'intérêt du service et non une sanction disciplinaire).

3e groupe :

• La rétrogradation. L'agent retombe au grade inférieur à celui où il se trouvait. Cela n'est possible que dans le corps auquel le fonctionnaire appartient.

• L'exclusion temporaire de trois mois à deux ans. Comme pour la sanction du 2e groupe, le sursis est envisageable mais il ne peut être total, la peine minimale ferme étant d'un mois.

4e groupe :

• La retraite d'office. Cette mesure conduit à la radiation des cadres de la police et à la perte de la qualité de fonctionnaire. L'agent percevra sa pension proportionnellement à la durée des services accomplis quand il aura atteint l'âge légal de la retraite.

• La révocation. Mêmes conséquences que pour la mise à la retraite d'office, mais elle concerne les plus jeunes et avec une connotation plus infamante.

À noter que, à tout moment, un fonctionnaire qui est soupçonné d'avoir commis une faute grave ou une infraction de droit commun peut être suspendu à titre conservatoire par l'autorité ayant pouvoir disciplinaire de saisir le conseil de discipline. Le fonctionnaire ainsi suspendu conserve son traitement et ses indemnités. Sa situation doit être revue et réglée dans un délai de quatre mois, sauf s'il fait l'objet de poursuites pénales. À l'issue de la procédure et éventuellement de sa sanction, l'agent retrouve son affectation d'origine ou rejoint son nouveau service dans le cas d'une mutation d'office ou dans l'intérêt du service. L'agent sanctionné peut présenter une demande auprès du conseil de discipline à compter de dix ans après le prononcé de la sanction pour faire effacer cette sanction de son dossier personnel. La sanction ne peut être effacée que si l'agent a donné toute satisfaction depuis les faits. Si la demande est rejetée, elle ne pourra plus être représentée.

ANNEXE III. LA PROTECTION FONCTIONNELLE DES AGENTS DE L'ÉTAT POURSUIVIS

L'agent public bénéficie de la protection fonctionnelle s'il est poursuivi en justice par un tiers pour une faute commise dans l'exercice de ses fonctions. L'administration doit lui apporter une assistance juridique et couvrir les condamnations civiles prononcées contre lui.

La protection fonctionnelle désigne les mesures de protection et d'assistance due par l'administration à son agent afin de le protéger et de l'assister s'il fait l'objet d'attaques dans le cadre de ses fonctions ou en raison de ses fonctions. Elle peut être accordée au fonctionnaire ou ancien fonctionnaire, et à l'agent contractuel ou ancien agent contractuel.

L'administration doit protéger son agent lorsqu'il fait l'objet de poursuites pénales pour une faute de service commise dans l'exercice de ses fonctions, à condition qu'il n'ait commis aucune faute personnelle.

Que l'infraction commise ait été intentionnelle ou non, la protection fonctionnelle est due à l'agent.

Les poursuites pénales pour lesquelles l'agent peut bénéficier de la protection fonctionnelle sont : citation directe devant la juridiction pénale ; mise en examen par le juge d'instruction ; convocation dans le cadre d'une procédure de comparution sur reconnaissance préalable de culpabilité ; comparution comme témoin assisté ; mise en garde à vue ; comparution immédiate ; composition pénale.

Remarque : la protection fonctionnelle n'empêche pas l'administration de suspendre l'agent de ses fonctions si elle le juge opportun et d'engager une procédure disciplinaire.

ANNEXE IV. LA MÉDECINE DANS LA POLICE

Dans la fonction publique, deux médecines cohabitent : la médecine de prévention et la médecine du « statut » ou médecine statutaire.

Il existe différents congés maladie selon les circonstances, qui donnent accès à des droits ou qui entraînent des contraintes pour l'agent.

Les agents qui ne peuvent assurer leur service doivent faire constater leur incapacité par un médecin et le signaler à leur hiérarchie avant l'heure de la prise de service. Ils disposent de quarante-huit heures pour faire parvenir à leur chef de service le certificat médical d'arrêt de travail. À défaut, le chef de service peut demander au service médical de faire diligenter un contrôle au domicile par un médecin agréé. En cas d'arrêt ou de blessure d'une durée supérieure à quinze jours, cette visite s'impose. Et si l'agent cumule plus de quinze jours d'arrêt sur les douze derniers mois, il doit se présenter devant un médecin de l'administration pour obtenir un certificat médical de reprise.

La médecine de prévention a pour rôle de prévenir toute altération de la santé des agents, du fait de leur travail. Ses missions s'articulent autour de trois axes : surveillance médicale des agents, action sur le milieu professionnel et le développement de la veille sanitaire en lien avec les objectifs et les acteurs de santé publique.

Le médecin peut recommander des examens complémentaires. Il peut également proposer des aménagements de poste de travail ou de conditions d'exercice des fonctions, justifiés par l'âge, la résistance physique ou l'état de santé de l'agent. Lorsque ces préconisations ne sont pas agréées par l'administration, celle-ci doit motiver son refus. Le médecin est tenu au secret médical, aucune information ne pouvant être transmise à l'administration, et peut également avoir des fonctions de conseil. Le médecin de prévention est membre de droit du comité d'hygiène et de sécurité, avec voix consultative. Il est informé par l'administration de chaque accident de service ou de chaque maladie à caractère professionnel.

La médecine statutaire est constituée de médecins agréés désignés par l'administration pour effectuer les examens relatifs à l'aptitude à l'emploi public, les examens relatifs aux visites de titularisation et les examens médicaux, expertises et contrevisites dans le cadre des congés statutaires (congés de maladie ordinaires, congés de longue maladie, congés de longue durée, accidents de service, maladies professionnelles, etc.).

La mise en disponibilité pour raison de santé est prononcée quand un agent a épuisé ses droits aux congés. Il faut que l'agent soit inapte temporairement à reprendre son travail, par opposition à l'inaptitude définitive qui conduit à la retraite pour invalidité. Les agents sont mis en disponibilité, après avis du comité médical, pour une période au maximum d'un an. Ils ne sont pas rémunérés mais gardent leur position statutaire. Au bout d'un an, la mise en disponibilité peut être renouvelée deux fois, soit trois ans en tout. Exceptionnellement, la mise en disponibilité peut être renouvelée une quatrième année si le comité médical estime que l'agent pourra reprendre ses fonctions. C'est alors la commission de réforme qui donne son avis pour le dernier renouvellement de la disponibilité. À la fin de la disponibilité d'office, il y a la réintégration si l'agent est apte ou la mise à la retraite pour invalidité si l'agent est inapte définitivement.

Le comité médical est une instance consultative, composée de médecins agréés désignés par l'administration, qui donne un avis sur l'état de santé d'un fonctionnaire, avant que l'administration se prononce sur l'octroi ou le renouvellement des congés de maladie.

ANNEXE V. LA NOTATION DE L'AGENT ET LES CONSÉQUENCES SUR SA CARRIÈRE

Chaque année a lieu la notation des agents que l'on appelle officiellement l'« entretien professionnel ». Normalement, cela doit se pratiquer avant le 31 mars de chaque année et représente un bilan du travail effectué par l'agent durant l'année précédente, pour évaluer s'il a atteint les objectifs qui lui avaient été donnés, son positionnement dans la chaîne hiérarchique et lui assigner de nouveaux objectifs pour l'année en cours, tout cela durant un entretien en tête à tête d'une vingtaine de minutes.

Il est réalisé par le supérieur hiérarchique direct de l'agent, qui doit aussi se prononcer sur un éventuel changement d'orientation (si le fonctionnaire ne fait pas l'affaire ou a émis le souhait de changer de brigade ou de service), sur des formations à suivre ou sur son aptitude à exercer des fonctions plus élevées, autrement dit le positionner pour un avancement de grade s'il a réussi un examen ou s'il a l'ancienneté requise.

Ces notations et les appréciations sont prises en compte par l'administration et par les commissions pour attribuer les grades aux plus méritants, d'où l'importance d'être « bien noté » : à grade égal et à ancienneté égale, la différence entre deux personnes se fera sur la notation. C'est même la première chose qui est regardée par la hiérarchie lors d'une demande de mutation ou promotion. En cas d'appréciations moyennes, voire négatives, les portes se ferment aussitôt. Si jamais le mouvement est malgré tout obtenu, à l'arrivée dans un nouveau service, les supérieurs sont forcément influencés par les notations et les appréciations, ce qui peut grandement desservir un fonctionnaire qui effectuait bien son travail mais qui a tenu tête à sa hiérarchie ou qui n'a pas cautionné certaines pratiques.

Certains supérieurs hiérarchiques sont ainsi tentés de soumettre leurs effectifs qui veulent obtenir des avancements ou des mutations en leur faisant miroiter une bonne notation et des appréciations de qualité.

Certains supérieurs peuvent baisser la notation d'un agent qui n'aura pas obéi à ses injonctions, ou qui se sera trop souvent opposé à son action. Cela est parfois justifié quand des agents ne respectent pas les ordres ou la hiérarchie, mais cela peut être totalement injuste quand les ordres donnés ne sont pas légitimes ou quand l'agent dénonce des injustices ou des comportements inappropriés de la hiérarchie et qu'il se fait sanctionner en retour par une mauvaise notation.

Une mauvaise notation peut en effet bloquer sa carrière irrémédiablement.

Les notations sont essentiellement fondées sur le « quantitatif » et le « savoir-faire » alors qu'elles devraient être aussi basées sur le « qualitatif » et le « savoir-être ». Certains critères d'évaluation comme le respect de la hiérarchie ou la manière de servir devraient être davantage pris en compte. La notation, qui dépend donc du supérieur direct, et ensuite du chef de service, devrait être faite de manière collégiale, avec le supérieur, certes, mais aussi avec un collaborateur de même grade (conscient des problématiques rencontrées et des difficultés du métier) et un subordonné, qui pourrait attester la manière de gérer les personnels (pour les gradés, officiers et commissaires).

ANNEXE VI. LA POLICE DE MONTRÉAL ET SON APPROCHE DANS LA PRÉVENTION DU SUICIDE

C'est en 2016, autour d'une discussion sur la prévention du suicide avec son ami policier Patrick Jacquet, que Fabien entend parler de la police de Montréal. En 1997, le Service de police de la ville de Montréal (SPVM) lance avec les syndicats, les psychologues et toutes les bonnes volontés un plan d'action destiné aux policiers : « Ensemble pour la vie ». Les objectifs sont clairs : aider les agents à identifier les signes pouvant mener au suicide, améliorer la solidarité entre policiers et améliorer le climat au travail. À Montréal, la question du bien-être des policiers, pour eux et pour la qualité du service rendu à la population, est au cœur des réflexions.

En France, alors que le taux de suicide des policiers est supérieur de près de 40 % à celui de la population et qu'il s'agit de la première cause de mortalité des gardiens de la paix (1 100 suicides en vingt-cinq ans), la police semble totalement atone face au sujet encore tabou dans la profession. Pour elle, s'attaquer aux causes du problème ou diffuser les bonnes pratiques attendra… Moins de dix décès par suicide ont été reconnus « imputables au service » ces vingt-cinq dernières années.

Un policier décédé en mission, c'est une minute de silence. Un suicide ? Rien.

Ce sujet est symptomatique du repli de la police française à l'échelle internationale, de la difficulté du ministère de l'Intérieur à s'ouvrir à l'analyse de ses pratiques et aux apports extérieurs.

Dès 2018, Fabien partage avec Yohann Dechaine, le président de l'association Peps, ses réflexions et l'idée d'une observation *in situ* de l'expérience québécoise. Peps prend alors contact avec la DRCPN et lui explique le projet, mais ils essuient un refus. Difficile de faire bouger les vieilles lignes administratives. Dialoguer avec une association de policiers, ce n'est pas dans la culture. Ce serait reconnaître leur existence et, donc, d'une certaine manière, l'échec de l'administration policière en matière de prévention du suicide.

Peps continue cependant d'innover et d'expérimenter, grâce à l'engagement des bénévoles et aux formations qu'ils reçoivent de l'extérieur de la Police nationale. L'association gagne en notoriété et reconnaissance : des députés commencent à la soutenir et elle devient un acteur incontournable pour le ministère de l'Intérieur.

Les portes s'ouvrent enfin et Peps obtient un rendez-vous place Beauvau avec le conseiller spécial du ministre de l'Intérieur. L'association démontre par l'exemple que le dispositif qu'elle développe apporte un outil de plus à la lutte contre la souffrance. Le conseiller spécial du ministre somme la DRCPN de mettre en place un partenariat officiel avec l'association, de dispenser des formations à ses membres, d'autoriser le voyage à Montréal, ainsi que d'organiser un audit de sa propre action. En mai 2022, une délégation de Peps décolle enfin pour Montréal.

Un programme de prévention du suicide qui a fait ses preuves

Le SPVM est le deuxième service de police municipal au Canada. Il dessert l'ensemble de l'île de Montréal, où habitaient en 2021 environ deux millions de Montréalais. C'est l'équivalent du nombre d'habitants à Paris. Près de 4500 policiers travaillent pour répondre aux besoins des citoyens en matière de sécurité, soit un policier municipal pour environ 440 habitants à Montréal, contre un policier national pour 130 habitants à Paris et la petite couronne.

Peps découvre le programme d'aide aux policiers et policières (PAPP) de la police de Montréal, qui est, à ce jour, le meilleur dispositif au monde pour lutter contre le suicide des policiers.

Les membres qui ont fait le déplacement sont accueillis par la Fraternité des policiers et policières de Montréal, l'unique syndicat. Éric Vermette, qui en est le vice-président, insiste en préambule sur le côté paritaire des décisions prises entre le syndicat et l'employeur pour faire fonctionner ce programme d'aide.

Dans les années 1990, lorsque le SPVM subit son pic de suicides policiers, il est équivalent au volume moyen depuis vingt-cinq ans en France et toujours d'actualité. C'est le taux le plus important de tous les services de police du Québec.

L'organisation policière ne nie pas le problème et met en place une dynamique collective de résolution de problèmes et de propositions de solutions. Elle devient proactive pour désamorcer au maximum l'ensemble des situations, bien en amont des crises suicidaires, tout en offrant un large dispositif de ressources à destination des policiers.

Les sentinelles sont déployées partout et recrutées sur la base du volontariat. Si les agents détectent quelqu'un qui a besoin d'aide, ils peuvent l'orienter vers les psychologues, en toute confidentialité. Les psychologues, parfaitement intégrés, patrouillent, vont au stand de tir, boivent le café dans les commissariats ou dans l'intimité si besoin. Ils vont vers les policiers pour faire tomber les barrières et les préjugés. Ainsi, les confidences sont facilitées.

Au cours de tournées dans les services, des policiers livrent leurs récits touchants et divers, dans lesquels chaque agent peut se retrouver. L'objectif de ce groupe de parole est de montrer par l'exemple que chacun peut parler de ses difficultés dans son environnement de travail et exprimer ses souffrances, ses ressentis et ses doutes tout en partageant un modèle de résilience et les ressources activées pour s'en sortir. Le psychologue accompagne la dynamique de groupe en éclairant certaines parties du récit ou en détectant les policiers touchés par le témoignage : très loin de l'e-formation où le policier français se forme à la question du suicide en regardant une vidéo, seul, face à son ordinateur…

Les résultats « chiffrés » sont là : le taux de suicide s'est maintenu à un niveau très bas, toujours inférieur à celui constaté chez les autres forces de police et au sein de la population en général au Québec. Les arrêts maladie durent moins longtemps, sont moins nombreux et, surtout, les policiers se sentent heureux au travail. Ils se sentent libres d'évoquer les « instants critiques », ces interventions parfois traumatisantes qui hantent les nuits derrière les armures.

Et quand il y a un suicide ? Ils pleurent, comme nous. Ils sont en colère, comme nous. Ils peuvent se sentir impuissants, comme nous. C'est toujours un choc. Mais l'introspection et la réflexivité organisationnelle sont de rigueur afin de proposer d'autres manières d'élargir les solutions possibles et des leviers de changement.

Au-delà du dispositif spécifique de prévention du suicide, le SPVM développe une réflexion globale pour favoriser le bien-être au travail et la qualité du service rendu aux citoyens. Elle s'appuie sur des indicateurs de satisfaction du public et la recherche scientifique. Certes, elle n'est pas parfaite et doit répondre à des défis majeurs nouveaux comme le désengagement policier – des policiers qui refusent d'aller sur certaines interventions – ou l'inclusion des minorités. Mais cette organisation collective est en quête constante de progression.

MISE : le module d'intervention en soutien aux employés

Créé en 2014, il accompagne les policiers pour la reprise du travail, en uniforme, pour discuter sans jugement sur le terrain avec eux. Leur responsable, un sergent, rend compte directement à un directeur. Une autonomie permise grâce à l'absence d'objectif chiffré.

C'est un département qui, dans l'organigramme de la structure, n'est rattaché à aucun service d'inspection ou de sanction. Ainsi, la confiance est de mise. Cette unité travaille en étroite coopération avec le PAPP et peut orienter les agents vers des dispositifs adaptés à leur situation, grâce à la boîte à outils de solutions.

Ils s'assurent également que tout est fait pour que l'agent reprenne en confiance le jour J afin qu'il soit apte à effectuer son travail dans de bonnes conditions. Ils vérifient par exemple que les codes informatiques soient bien opérationnels pour une reprise effective sur le poste de travail, évitant ainsi des blocages déstabilisants pour les agents.

Les policiers français, souvent passés par des conditions de reprise exécrables, en rêvent. Une note de service de 2019 définit, à quelques détails près, les mêmes outils que MISE, à destination des chefs de service, sommés de l'appliquer, sans formation, sans outil, sans accompagnement.

MISE répond à ce problème. Il est également présent pour accompagner les cadres, les épauler et dispenser des formations pour encourager et entretenir les bonnes pratiques.

La hiérarchie

Si certains se plaignent de leurs superviseurs, ils ont la possibilité d'être mutés rapidement, en quelques semaines, sans que le syndicat ait besoin d'intervenir. Ainsi, les problématiques ne se gangrènent pas au même endroit en s'accumulant pendant des années. La mobilité est un atout. Aucun agent n'est bloqué quelque part.

Chaque cadre policier est passé par la base : le métier de patrouilleur. Comme dans la police allemande, chacun gravit les échelons un à un. Les patrouilleurs respectent l'expérience et, bien que la critique des chefs existe, aucun agent ne peut dire : « Toi, tu ne sais pas ce que c'est, le métier de patrouilleur. »

La formation

Elle représente trois ans d'études en techniques policières. Les recrues « types » sont des personnels qui ont déjà une expérience d'engagement bénévole pour la communauté, et qui sont capables d'encaisser les heures de visionnage vidéo proposées par le psychologue pour s'assurer qu'ils choisissent en conscience le métier et sa réalité parfois traumatisante. Chaque novice est encouragé à mesurer l'impact de son action dans son environnement social. La réflexivité est la qualité commune présente du grade de patrouilleur au superviseur jusqu'à la direction.

Bien sûr, il est important d'acquérir les automatismes et les réflexes professionnels partagés pour être en confiance lors des missions difficiles. Mais c'est à ce moment-là que la supervision de la répartition des missions, en fonction des compétences et de l'expérience, prend tout son sens.

La désescalade : gardien de la paix *versus* force de l'ordre

Ainsi, c'est toute la réflexion au SPVM qui est guidée par le processus de désescalade, que ce soit pour désamorcer les souffrances psychiques chez les policiers ou jusque dans l'action opérationnelle au quotidien sur le terrain. Chaque agent y cultive l'art subtil de l'équilibre pour un emploi réfléchi de la force dans un objectif de paix. En France, les réflexions sur la désescalade sont très lointaines.

De nombreux agents sont donc spécialement formés. Le SPVM mise sur la « formation en endiguement et en désescalade » offerte à l'ensemble de ses policiers et sur celle diffusée à des patrouilleurs sur une base volontaire en « réponse en intervention de crise » (RIC). Ainsi, pour chaque intervention en lien avec ce sujet, un agent formé est susceptible d'intervenir. Par ailleurs, en complément et en coopération avec les premiers intervenants, l'équipe de soutien aux urgences psycho-sociales (Esup) et l'équipe mobile de référence et d'intervention en itinérance (Emrii) peuvent être appelées pour compléter la réponse proposée.

Les policiers de Montréal sont moins agressifs, moins aigris, moins dans l'usage de la force et plus apaisés... Des gardiens de la paix intérieure pour maintenir la paix publique.

REMERCIEMENTS DES AUTEURS

Nous remercions Serge, Jean-Marc, Stéphane et Christophe de leur engagement total, leur détermination et leur patience infinie pour l'écriture de cet ouvrage.

Nous remercions chaleureusement le cherche midi éditeur et Philippe Héraclès de nous avoir fait confiance et d'avoir soutenu ce combat sans relâche. Une pensée empreinte de sourires à Inès avec qui nous partagerons les souvenirs intenses des dernières étapes.

Nous remercions bien évidemment tous ceux qui nous accompagnent sur notre chemin quotidien.

TABLE

MIXTE
Papier issu de
sources responsables
FSC® C003309

L'éditeur de cet ouvrage s'engage dans une démarche
de certification FSC® qui contribue à la préservation
des forêts pour les générations futures.

Pour en savoir plus :
www.editis.com/engagement-rse/

Imprimé en France par CPI
N° d'édition : M17481/01. – N° d'impression : 172347